歴史家の案内する滋賀

滋賀県立大学
人間文化学部
地域文化学科 編

文理閣

はしがき

本書は、『歴史家の案内する京都』に続くシリーズです。滋賀の歴史的なおもしろさを読者のみなさまにお伝えしたいとの想いを胸に、滋賀県立大学 人間文化学部 地域文化学科の教員一同でつくりあげました。

滋賀県は国宝・重要文化財の指定件数において、東京、京都、奈良に次いで全国第四位となっています。古代から都のあった奈良や京都に近いため交通の要衝として重視されており、都がおかれたこともあります。このように、古くから政治的・経済的・文化的に重要な位置を占めていたことが、文化財指定件数の多さにも影響していると考えられますが、滋賀のおもしろさは指定物件だけでは語れません。各地域に、歴史的なおもしろさがあふれているのです。

わたしたちの学科には、いわゆる歴史家ではない教員もいますが、一九九五年の開学以来、フィールド・ワークを重視するという研究・教育方針を共有しています。例えば、歴史学の教員の場合、机の前にすわって「過去」を示す史料などを読むだけでなく、現地踏査をおこなったり、地域の方から聞き取り調査をおこなったりすることで地域の「現在」にも踏み込みます。反対に、もともと「現在」のフィールド・ワークを研究手法とする分野の教員は、現地における「古いもの」との出会いや、地域の方々の語りなどを通して、地域の「過去」＝歴史にも触れざるを得ないのです。わたしたちは、各自の専門的研究手法をベースにしながらも、さまざまな角度から地域の「過去」や「現在」の断面を切り取り、総合化する作業を繰り返しているといえます。本書は、そうした試行錯誤の成果であり、いわゆる歴史家ではない教員が、どのように滋賀の歴史を提示するか、という点にも注目していただきたいと思います。

本書を構成するにあたって、県内全域を対象とする予定でしたが、紙幅の関係でカバーできていない地域があります。また、これまた紙幅の関係で、各執筆者が滋賀の歴史に対する自身の熱い想いを書き切れていない場合もあります。一文一文の背後には、フィールド・ワークの際の地域の方々のご協力があることも、申し添えておきたいと思います。

現在、多くの方が滋賀県＝琵琶湖というイメージをお持ちであり、観光の際にどこに行けばよいのか戸惑う方がいらっしゃることも承知しております。そのような方が、本書を手に取り、おもしろそうだから滋賀に行ってみよう、と一歩踏み出してくだされば、これに勝る幸いはありません。

わたしたちと一緒に、滋賀の歴史探訪を楽しんでください。

二〇二一年三月

東　幸代

凡例

一、本書では、それぞれの章ごとに史跡案内地図を掲げた。案内地図に記載している史跡などについては、それぞれの地図ごとに通し番号を振った。

一、本文中では、案内地図に記載している史跡などをゴチック体で示すとともに、（　）内に案内地図の史跡番号を記し、本文と地図とを対照できるようにした。

一、難読の用語には振り仮名をつけた。ただし、歴史上の用語の読み方には定説がない場合も多く、振り仮名で示した発音が確定的なものだということではない。

一、各章ごとの史跡案内地図は、各執筆者の提供による。『歴史家の案内する滋賀』トピックマップについては、塚本礼仁が作成した。

一、写真は、各執筆者および関連の研究機関の提供によるものを使用した。

一、博物館・資料館などの施設情報は二〇二一年三月現在のもので、見学にあたっては各自確認していただきたい。

『歴史家の案内する滋賀』目次

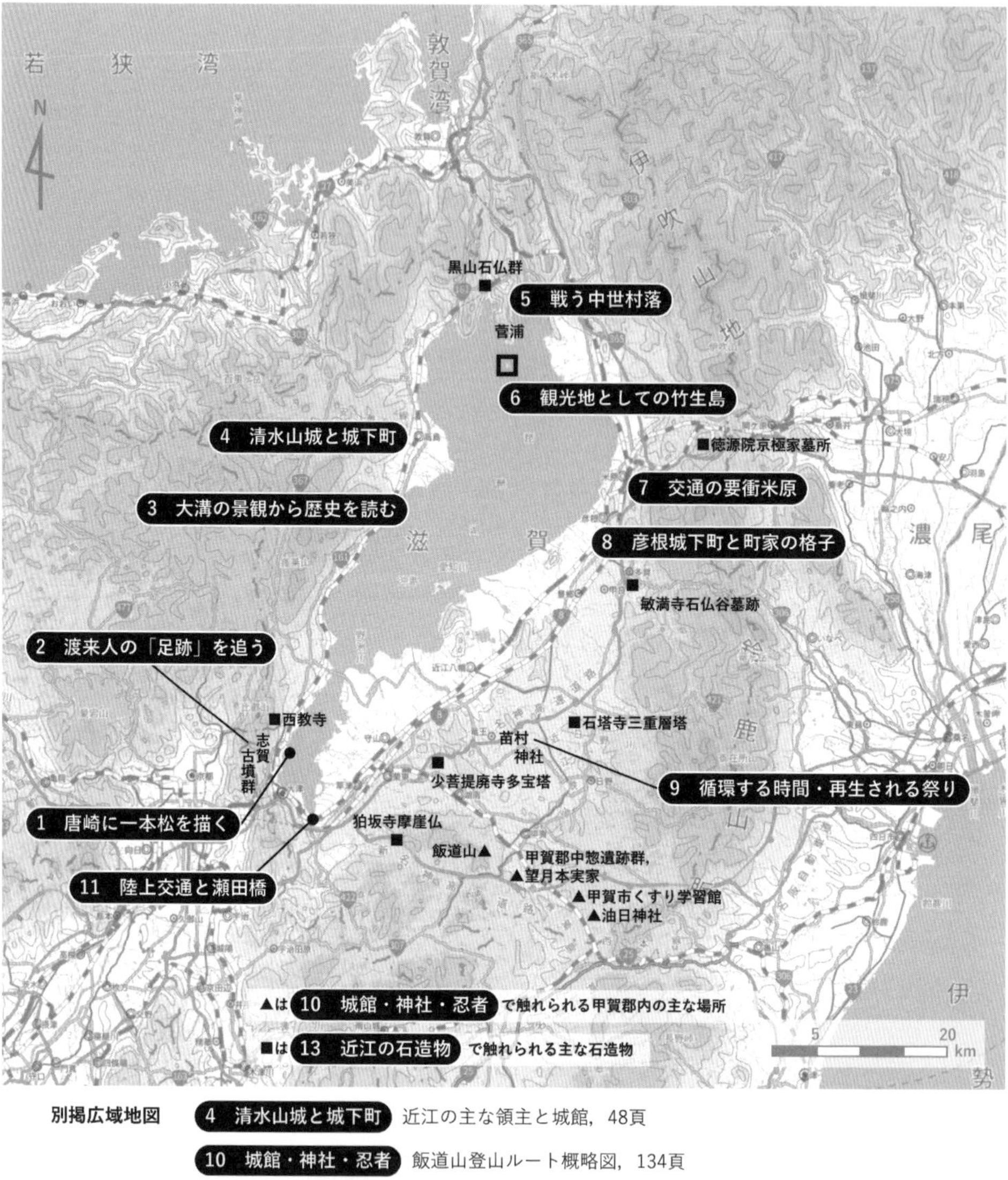

別掲広域地図

- 4 清水山城と城下町 近江の主な領主と城館，48頁
- 10 城館・神社・忍者 飯道山登山ルート概略図，134頁
- 12 近江を通った朝鮮使節と琉球使節 近江の街道，148頁
- 14 滋賀県“道の駅”めぐり 滋賀県の道の駅，174-175頁

『歴史家の案内する滋賀』トピックマップ

塚本作成。ベースマップは国土地理院地理院地図Vectorを編集したものである。

1 唐崎に一本松を描く
―そのイメージ戦略の歴史―

亀井 若菜
Wakana Kamei

名所唐崎の絵

滋賀県の大津市には唐崎《からさき》という名所がある。唐崎は絵にも多く描かれてきた。絵では浜辺に大きく枝を広げた一本松が決まって描かれる。鎌倉時代の絵巻でも、室町時代の屏風でも、江戸時代の浮世絵でも、唐崎には一本松が描かれている。

実際唐崎に行くと、大きな松が生えている（**図1**）。JR湖西線の唐崎駅から一〇分ほど東に歩くと唐崎神社の赤い鳥居が見えてくる（**図2の3、4**）。そこをくぐると「霊松」と示された松が姿を見せる。現在の松は老木となり樹勢が衰え、二本の太い幹の上部は切られているが、その姿からかつての大きさが偲ばれる。唐崎には一本松が確かにある。そのため、昔から唐崎には一本松があり、絵はそれを描いてきたと思うだろう。

しかし、現実の景色が何でも絵に描かれるわけではない。絵に描かれ

図1　現在の唐崎の松（筆者撮影）

るためには、その景色を価値あるものだとする認識が人々に共有されている必要がある。そしてその景色の何を（題材）いかに描くか（図様）ということも、ある程度共有されていなければならない。その上で初めて、絵を見た人は、そこがどこであるかがわかり、その絵を愛でることもできる。そのため逆に、現地の様子を見ていなくても、ある地の景を描いたり、享受したりすることはできるのである。

　名所絵は古来、そのようにして作られ受容されてきた。平安時代で言えば、春日野であれば若菜採み、龍田川といえば紅葉が、その地を示す題材であった。それと同じように、唐崎と言えば一本松がシンボルとなってきた。しかし奈良時代や平安時代には、唐崎＝一本松という認識はなかった。ではいつから、どのようにして、唐崎＝一本松となったのだろう。そして唐崎の一本松はどのように描き継がれてきたのだろう。

　この章では、日本美術史を専門とする筆者が、絵に描かれた唐崎の松の姿を辿っていく。しかしその前に、松が登場するまでの唐崎の歴史から繙《ひもと》いていくこととしたい。

大津宮と唐崎

　歴史を遡ると「唐崎」の名は、まず大津宮《おおつのみや》に関連して出てくる。

　大津宮とは、天智天皇六年（六六七）に中大兄皇子が飛鳥から遷都して近江に開いた都である。皇子はその翌年、天智天皇として即位した。しかし遷都して四年後に天皇は没し、翌年都は廃絶してしまう。廃絶後、都は急激に廃れたようである。柿本人麻呂は歌に、天皇の宮殿はここだと聞いたが春の草が生えているばかりで悲しい、と詠んでいる。人麻呂の時代でさえこのような有り様であったせいか、大津宮が大津のどこに位置し、どのような構造であったのか、わからないままであった。しかし一九七〇年代の発掘調査により、大津の**錦織《にしこおり》遺跡**（図2の5）が宮跡であろうと推定されるに至っている。

　「唐崎」の名は、天智天皇の没後に女官が詠んだ歌、「やすみしし わご大王《おほきみ》の大御船《おほみふね》待ちか恋ふらむ志賀の辛崎《からさき》」の中に登場する。また柿本人麻呂は旧都を思い、「さざなみの志賀の辛崎幸《さき》くあれど大宮人《おほみやひと》の船待ちかねつ」という歌も詠んでいる。唐崎は大津宮の港であったと言われている。しかし唐崎が港であった確かな根拠があるわけではなく、それは、唐崎に船を詠むこれらの歌から推測されたことのようである。

一方、これらの歌が天皇の没後あるいは都が廃れてのちに、天皇や都を偲びつつ「船」と結びつけて詠まれていることにも注目したい。唐崎の歌に詠まれる船には、あの世と行き来する船という意味も含まれているという。それは唐崎があの世とも結びつく水辺の聖地であると捉えられていたからだと考えられている。

唐崎にそのような性質がある故か、平安時代には、穢《けがれ》や災厄を除き清める祓《はらえ》のために唐崎に行く人々がいた。『蜻蛉日記』を書いた藤原《ふじわらの》道綱母《みちつなのはは》は天禄元年（九七〇）六月下旬、夫の兼家が久しく訪れないことに耐えかねて、丸一日をかけて唐崎に祓をしに行った。日記には京の家から唐崎までを往復した道程が書かれている。京の人が当時どのような行程で唐崎まで行ったのかがわかり興味深いので見てみたい。

道綱母は早朝四時頃に京の家を供の者と出発すると、賀茂川の辺りで夜が明けた。**逢坂山**（図2の8）の関では山路の景に思いを深める一方、行く先を見やると果てしもなく湖が見渡され、その景色にいたく感動して涙を流す。大津の浜でも、岸に何艘も並ぶ舟や湖上を行きかう舟に感心する。そうして唐崎に着き、祓を行った。午後三時頃には唐崎を発ち五時頃には逢坂山にさしかかり、走り井では水に手足を浸す。その清々しさに気持ちも晴れ晴れとし、帰りたくないと思うものの、家路を急ぎ粟田山で迎えの者に出会っている。

京から唐崎までの道のりは二〇km程度あったのではないだろうか。道綱母はそれを丸一日かけて往復した。そうまでしてでも行きたい地として唐崎があったわけである。そんな唐崎への旅は、広々とした琵琶湖の景色に接しえたこともあり、鬱屈《うっくつ》した気持ちを抱えた道綱母に大きな解放感をもたらした。

　唐崎はこのように、天智天皇が開いた大津宮を偲ぶ地であり、水辺の聖地でもあり、都の人が祓をしに行く場所でもあった。しかしながら、この段階ではまだ松は登場しない。

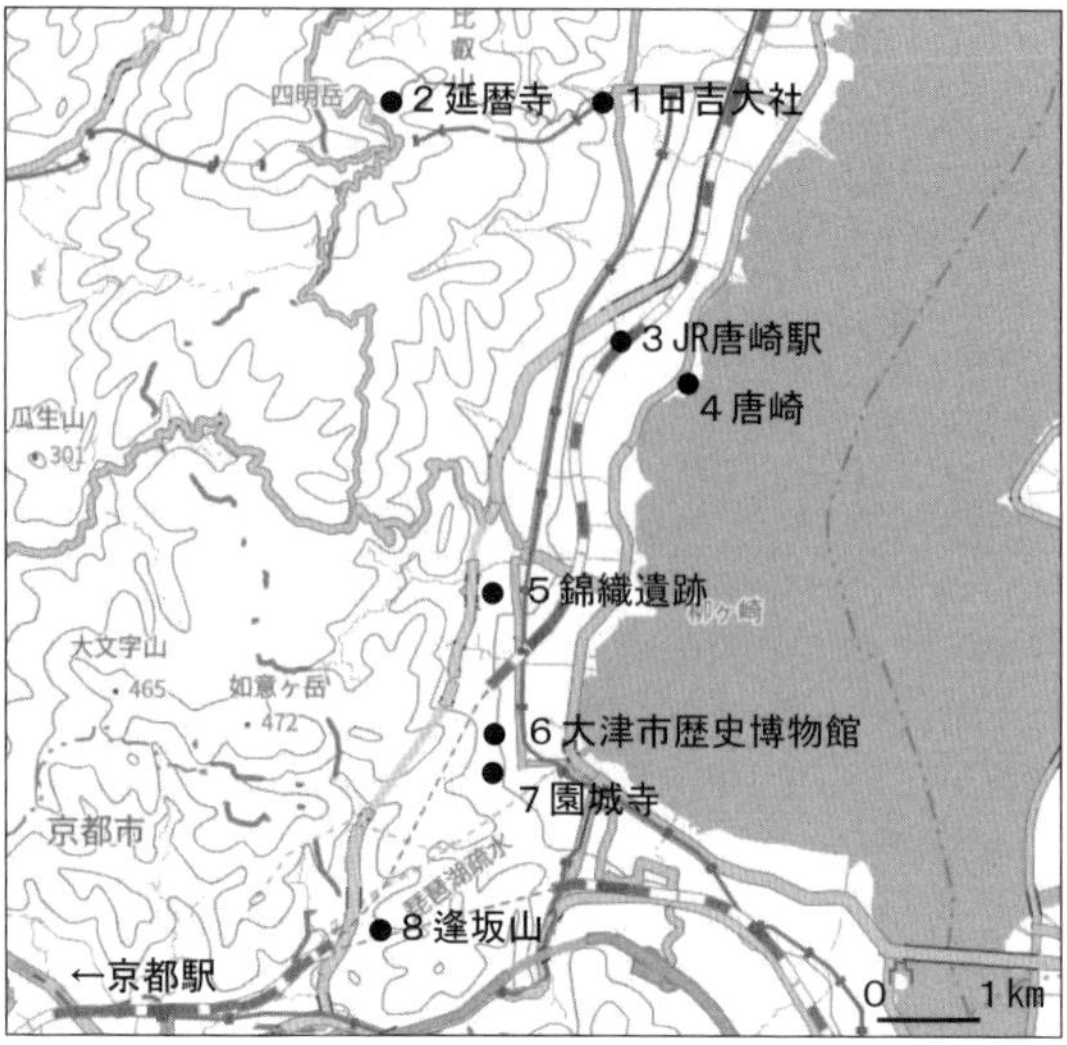

図２　唐崎周辺の地図

日吉社と唐崎

　中世には、唐崎に**日吉社**（図２の１）との関係が強く見られるようになる。

　天元二年（九七九）には、唐崎に日吉社の社殿が建てられたという記録がある。

　また、日吉社の第一の神である大貴己命《おおなむちのみこと》（大宮）はもとは大和の神であったのだが、その神が大和から近江にやって来る際、「唐崎」に立ち寄ったという縁起が、一二世紀末までに成立している。縁起とは、寺社の由緒や歴史、利益などを記す文章である。その縁起と同類の別の縁起で、唐崎の「松」も登場する。そのため「唐崎」とその「松」を考える上で、日吉社の縁起は大変重要なものと言える。そこでこの縁起がなぜ作られ、唐崎の松がどのように登場するのかを考えてみたい。まずはこの縁起の内容を見てみよう。以下がその内容である。

　大宮の神は、天智天皇の時代に大和の国から近江に渡ってきた。大津西浦で田中恒世《つねよ》という者が神を船にお乗せし、唐崎の琴御館《ことのみたち》宇《う》志丸《しまる》のところまでお送りした。そこで恒世が粟飯を差し上げた。すると神は、「お前（恒世）は私の神人《じにん》になりなさい。これから毎年ここへやってくるので、その時は必ず食べ物を供えよ」と仰った。粟飯を差し上げることは今に至るまで行われている。大津の神人は、恒世の末胤である（神人とは神社に奉仕する下級の人々）。一方、唐崎の宇志丸に対して神は、「お前は私の氏人となり、私の宝殿を作りなさい。この西北の方に良き地があるので、そこに宝殿を建て儀礼を行うように」と言った。宇志丸はこの言葉に従って、西北の方に行きそこに宝殿を建てた。これが今の大宮の宝殿である。今の社司《しゃし》は彼の末裔である。また神は、宇志丸の船に乗った姿で、宇志丸の家のそばの大樹の梢に現れた。これを見て宇志丸はそれが神であると初めて知った（原文は『耀天記』の「大宮御事」）。

この縁起には、三つのことが書かれている。一つ目は、神が田中恒世と出会い、恒世とその末裔が神人として神に奉仕するようになったこと。二つ目は、神が唐崎の宇志丸とも関係を持ち、宇志丸の末裔が日吉社の社司になったこと。三つ目は、神が大木の梢に姿を見せたことである。これらは天智天皇の時代の出来事とされているが、この縁起は一二世紀頃に書かれたものとされている。では、いかなる必要性があって一二世紀にこのような縁起が書かれたのだろう。

それを考えるために、これよりも前の一一世紀に書かれた古い縁起を見てみると、その内容は似ているのだが、そこには「唐崎」も「恒世」も「宇志丸」の名も出てこない。そちらの縁起では、夕暮れに神が湖の岸辺に現れて、船を高い木の上に現出させ、この地に住みたいので社を作ってほしいと言うと、浜の住人が社を作って鎮め申し上げたとされる。この内容を踏襲しながら一二世紀の縁起では、「唐崎」の名を出し、神と関わった「恒世」らの末裔が今に至っても神に奉仕しているとするのである。そのような語りになったのは、なぜなのか。

この縁起が成立する一一世紀後半から一二世紀の歴史を繙くと、この頃、大津神人の帰属をめぐって、**園城寺**（**図2の7**）と日吉社・**延暦寺**（**図2の2**）は、熾烈な争いを繰り返していた（日吉社は、比叡山の地主神、延暦寺の鎮守神であり、日吉社と延暦寺は一体のものであった）。そして日吉社に奉仕していた大津神人が園城寺側に寝返るという事件が何度か起きると、延暦寺大衆が園城寺を焼き払うという事態に進展する。これらの闘争を経て、一二世紀初めには、両寺によって大津浜が分割支配されることとなった。唐崎はそのような地にあって、日吉社にとって前進基地とも言える重要な拠点であった。

　このような状況を踏まえて先の縁起が書かれた理由を探るならば、縁起で「恒世」とその末裔が神人として日吉社に奉仕していると記すのは、大津神人の日吉社への帰属は昔からの当然のことであると主張するためだったのではないか。「唐崎」の名を出しているのは、唐崎が日吉社の下に置かれることを正当化するためであろう。そして天智朝に舞台を設定しているのは、これらの事柄は天智朝以来のことなのだという由緒を付すためなのではなかろうか。神人をめぐる園城寺との闘争を背景に、日吉社の神の縁起が整えられたのである。現在の研究ではこれらのことが推論されている。

唐崎に「松」が加わる

　そしてそのような唐崎に「松」が付加されることになる。先の縁起と同類の別の縁起（原文は『山家要略記』所収）では、神は恒世の船に乗り、自分を「唐崎の松の下まで送れ」と言い、毎年「この松の下にやってくる」と言う。また神が現れたのは「松の梢」であるとされている。「松」というシンボルが加わると、聖性や権威を見せる地として唐崎をイメージしやすくなる。そのため、日吉社のイメージ戦略として、唐崎が松と組み合わされるようになったのではなかろうか。なぜ「松」をシンボルとしたのかは不明だが、松は常緑の永遠性を寿がれたり、松には復活・転生の呪力があるとされている。

　現存する絵として唐崎の松が描かれる古い時代のものも、日吉社・延暦寺に関係している。永仁四年（一二九六）に制作された「天狗草紙」の「延暦寺巻」には、比叡山の景を描く最初の白砂の浜に、一本松が描かれている（図3）。左右に形よく枝を伸ばした一本松は美しく、比叡山の景にシンボリックに表現されている。鎌倉時代の作とされる大谷大学博物館蔵「日吉山王宝塔曼荼羅図」でも、日吉社の宝塔の下に一本松が描かれている。唐崎の松が登場する歌としては、元久二年（一二〇五）の後鳥羽院の歌「神のちかひかはらぬ色をたのむかな同じ緑の唐崎の松」がある。ここにも神が詠み込まれている。

図３　天狗草紙（東京国立博物館蔵）

図４　日吉山王・祇園祭礼図屏風（サントリー美術館蔵）

　また中世末から近世にかけて多く描かれた日吉山王祭《ひよしさんのうさい》の絵においても、神輿を乗せた船が進む情景の中に唐崎の松が描かれる（図4の左上部）。数ある日吉山王祭礼図の制作主体にはいろいろな人がいたであろうが、日吉社の祭礼を描くに際し唐崎の松を描くことは必須であると認識されていたことが窺える。

　このようにして「唐崎」に「松」が組み合わされていったのである。

「桑実寺縁起絵巻」の唐崎の松

室町時代の絵巻にも唐橋の松が登

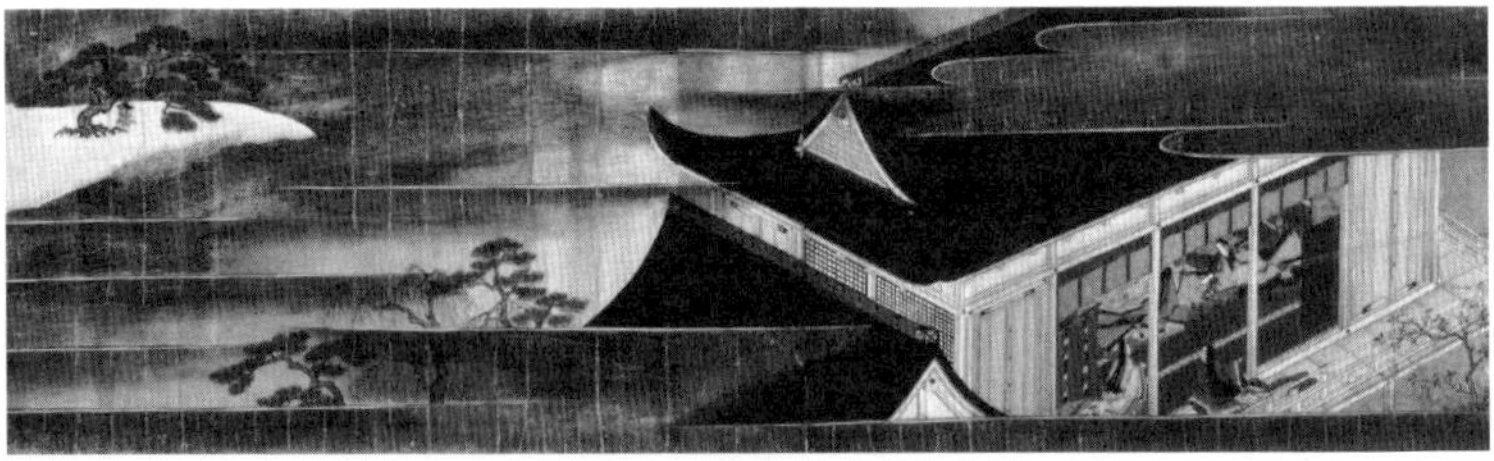

図５　桑実寺縁起絵巻（桑実寺蔵）

場する。それは天文元年（一五三二）に作られた「桑実寺《くわのみでら》縁起絵巻」である。この絵巻は、室町第一二代将軍足利義晴《よしはる》の発意によって作られた。義晴は、細川晴元の勢力が京都に迫ったことにより京都を逃れ近江を点々とし、安土山の東の繖山《きぬがさやま》にある桑実寺に仮寓した。そのときに将軍は絵巻の制作を企てた。

この絵巻の物語は、天智天皇の大津宮を舞台とする。その物語では天皇の娘の阿閇《あべ》姫が病に伏せてしまうのだが、琵琶湖から出現した薬師如来のお陰で快癒したことが語られる。

図５は、琵琶湖から出現した薬師如来の光が阿閇姫に届き、病が治る様子を描く部分である。右側に描かれた姫のいる部屋は、大津宮の屋敷の一室なのだろう。姫は美しい衣装に身を包み侍女達にかしづかれている。その建物から湖水を隔てた左端の白砂の上に、立派な一本の松が描かれている。唐崎の松である。そこに唐崎の松が描かれているのは、大津宮といえば唐崎という認識が、室町時代にもあったことを示していよう。一方で義晴は日吉山王礼拝講を行ったりしているため、ここに描かれた唐崎の松を、日吉の神への思いを込めて見ていた可能性もあるだろう。

義晴は近江を点々とする逆境のときに、大津宮を舞台に近江を都のごとく描くこの絵巻を作らせた。そのような絵巻の中で、大津宮は、唐崎の松とともに再生したのである。

近江八景の「唐崎夜雨」

そして中世末から近世にかけて唐

崎の松は、近江八景の「唐崎夜雨《からさきのやう》」の情景に描かれるようになる。近江八景とは、中国の瀟湘《しょうしょう》八景にならって、夜雨、夕照《せきしょう》、暮雪など時や天候を表す言葉と組み合わせて愛でられた、近江の八つの景色である。

　その八景の一つに唐崎の地も選ばれ、夜雨と組み合わされた。その景は、湖に突き出た岸の上に一本松を描き、雨足を描いて表現されることが多い。多くの絵に描かれるその姿は、これまでに見てきた絵の松と類似している。その姿は中世以降パターン化して繰り返されていった。

歌川広重の「唐崎夜雨」

　そこで注目されるのが、天保五年（一八三四）頃に出された歌川広重の錦絵、栄久堂板「近江八景之内」の「唐崎夜雨」（次頁の**図7**）である。この絵では松全体を、笠を横から見たような末広がりの形として捉え、荘重で巨大な樹形に描いている。これまでに見てきた松の形とは明らかに異なる姿である。

　広重は、この姿の松を描くのに、唐崎神社で参詣者向けに販売されていた刷り物を参照しているのではないかとされている。唐崎神社では、松を描いた大々判の刷り物を販売していた。**図6**は福知白瑛《はくえい》が描いた刷り物である（一八三〇年頃のもの）。一ツ松について「高サ凡十五間余」（約二七m）、「南北凡四十八間余」（約八七m）などと書かれ、その大きさを見せるためか松の姿を紙いっぱいに描いている。広重の松はこの松の姿に確かによく似ている。白瑛も広重も、唐崎の松を描く従来のパターンには捉われず、新しい形で松を描いた。日吉社の松の呪縛を解かれた

図6　福知白瑛　唐崎大明神一ツ松之図（個人蔵）

図7　歌川広重　近江八景之内　唐崎夜雨（大津市歴史博物館蔵）

新しい唐崎の松の誕生だ。そのような松が、他でもない日吉社の末社である唐崎神社が売り出した絵から始まったのは面白い。

広重は、白瑛の松の形を借りつつ、さらに様々な工夫を加え迫力ある画面に仕上げた。松の上部は、雨を落とす漆黒の空と同じ黒にして夜の闇を表現し、松の中は白で抜くように表している。夜であれば闇の中で姿が見えないはずの松を、白い背景と同じ白で表し、闇に溶ける姿を巧みに表している。雨は空から真下にまっすぐに激しく降っているが、松はこれだけの雨にも微動だにしない。大きな枝を支える柱も、湖の中にまで何本も立っている。大雨の中、手前の湖上に船が二艘描かれているのは、古の大宮人や日吉の神の船に想いを馳せてのことだろうか。一本松の由緒ある荘重なイメージを夜雨の中に作り上げるのに、広重の工夫は尽きることがない。

伊東深水の「唐崎の松」

最後に見たいのが、日本画家である伊東深水が大正七年（一九一八）に制作した木版多色刷りの「近江八景」のうちの「唐崎の松」である（**図8**）。これまで見てきた絵では、松の姿全体が絵の中に収まっていた。しかし本作では、縦長の画面に大胆なトリミングを施して松を表現している。

画面を見ると、松の幹は、画面の右半分を占めるほどの太さで迫力をもって表されている。がさがさとした樹皮は剥がれているところもあり、この松が長い年月を過ごしてきたことを示している。幹の左、画面の真ん中辺りには、遠くまで伸びて葉を付ける枝が何本も見えている。

図8　伊東深水　近江八景の内　唐崎の松（大津市歴史博物館蔵）

それらの枝や枝の支柱はかなり細いため、そこまでに相当な距離があることを感じさせる。下方では、根がごつごつとした突起を見せながら白砂にめり込むように伸び、その間には石灯籠が立っている。石灯籠は小さ過ぎるようにも見えるが、その小ささ故に松の巨大さを際立たせている。

枝の間を縫って先の方に目を移すと、湖の水面が細く長く広がっている。その上部は美しい青で塗られており、湖に接する空は赤く色づいている。白砂から湖、そして空へ。枝が伸びていく先の空間にも何と広がりがあることだろう。その赤い空を映しているのか、手前の白砂までもがうっすらと赤く色づいている。天も地も神々しい光に包まれた、朝焼けの中の唐崎の松である。

深水はこの絵を描くのに唐崎を訪れた。それは次の画家の言から窺える。「きららかな白砂を踏みしめながら、稀有な老松に視入ってゐると、嘗て経験した事のない厳粛さが心を全く支配して了ったのです」。

深水は現地を実際に歩きこの絵を描いた。だが、絵は単なる写実ではなく、湖や空にまで工夫を凝らし、松や唐崎の地の神々しさを見せるものとなっている。それは深水が唐崎の地の歴史や由緒を意識していたからであろうか。いや、敢えて意識しなくとも、もはや唐崎の松自体がそれを体現し、霊松として見られるものとなっていたということであろう。

松のこれから

歴史上のある時期に、松は唐崎のシンボルとなった。唐崎は大津宮や日吉の神の由緒を有する地であり、それらと深くまた緩やかに関わりながら、一本松は表されてきた。広重や深水は唐崎の松を革新的に描いたが、それでも、唐崎を大きく立派な一本松で表すという点では変わることがなかった。

しかし現在、松の樹勢は衰え、横に伸びる枝もまばらになっている。そのため、神社では次の若松を老木のそばで育てている。唐崎の松というシンボルを絶やさないようにするために、努力が続けられている。

私たちは唐崎に行ったらやはり立派な一本松を見たいと期待する。唐崎は松があってこそという意識は、長い歴史の上で培われ定着し、唐崎を知る人なら誰もが持つものとなった。その一人である私も、あの若松が無事に成長し「唐崎の松」になることを切に祈るのである。

唐崎へ行こう

では唐崎の松を現地に見に行ってみよう。松（**図9の①**）は赤い柵に囲われ、そこの鳥居には「霊松」と書かれた札が掲げられている。松のすぐそばには、一m四方ほどの竹の枠の中に、まだ小さいながらもすくすくと成長している**若松**を見ることができる（②、③）。そのすぐそばにある**灯籠**（④）が、深水の絵に描かれた灯籠であろう。形が似ており深水はこれを写したのだと思われる。深水が見た松は二代目の松、現在の松は三代目とされ、二代目の松やこの灯籠の位置は現在とは異なっ

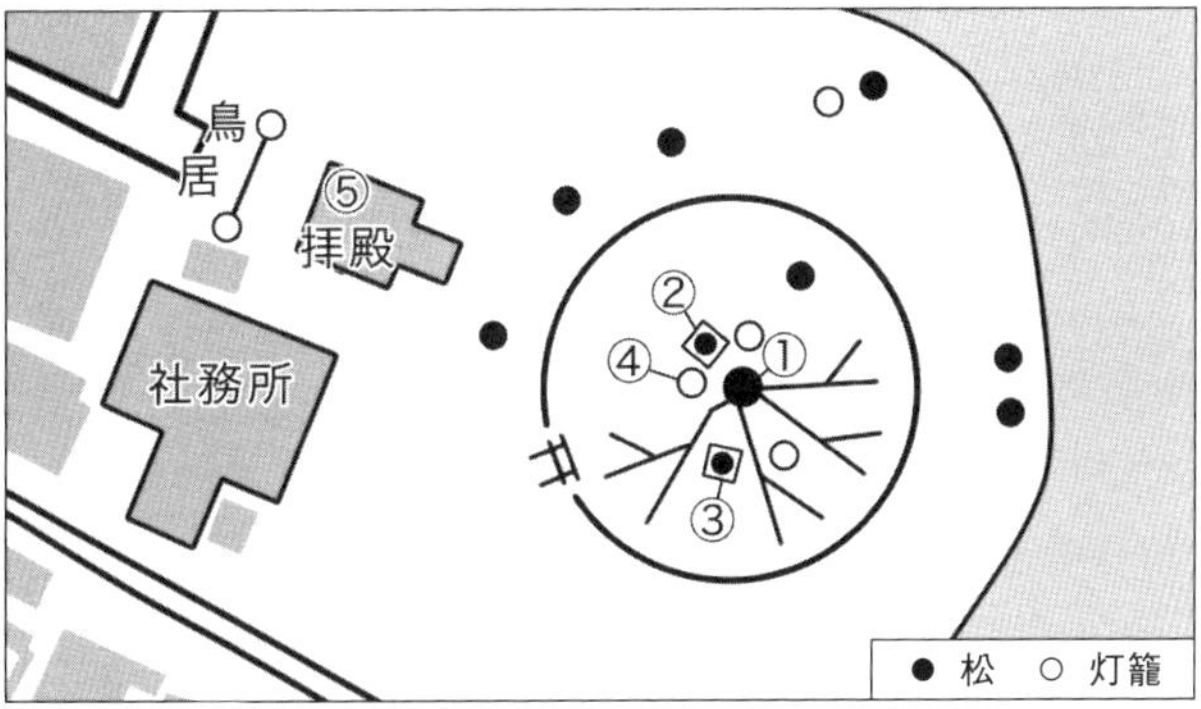

図９　唐崎神社境内図（筆者作成）

ていたかもしれないが、西の方から東に向かって松と灯籠そして湖水を望むと、深水の絵とちょうど似た景色を見ることができる。広重や白瑛の絵に描かれた**拝殿**（⑤）なども、現地で確認してみたい。広重や白瑛の絵の松の枝は、拝殿を囲む程に伸びている。またこの唐崎の沖合いでは、四月の日吉山王祭で「粟津の御供《ごく》」が行われる。その昔、田中恒世が神に粟飯を献じたとの伝えに倣い、祭では神輿船に乗せられ湖上に渡った日吉の神々に粟飯などの供物が捧げられるのである。湖水の方を望んでその様子を想像してみたい。

　松の付近の散策を終えたら一〇分ほど車に乗って**大津市歴史博物館**（**図2の6**）に行ってみよう。博物館には大津宮や近江八景の展示があり、唐崎に関わる歴史を広く知ることができるだろう。

参考文献
・佐藤眞人「日吉社大宮縁起の考察」（『国学院大学日本文化研究所紀要』七四、一九九四年）
・千野香織・西和夫『フィクションとしての絵画』（平凡社、一九九一年）
・原田敦子「水辺の鎮魂—蜻蛉日記の唐崎祓—」（『国文学攷』一四五、一九九五年）
・横谷賢一郎「近江八景「唐崎の一ツ松」の表現の変遷」（『大津市歴史博物館紀要』二三、二〇一八年）

図版出典
図3：『近江八景—湖国風景画の成立と展開—』（展覧会図録、滋賀県立近代美術館、一九八八年）
図4：『日本美術全集　第一三巻　雪舟とやまと絵屏風』（講談社、一九九三年）

2 渡来人の「足跡」を追う
—考古学の調査成果から—

金 宇大
Woodae Kim

「渡来人」とは？

「渡来人」という語を聞いたことがないという人は、ほぼいないのではないだろうか。「渡来人」は、小学校の社会の教科書にも登場する、ごく基本的な歴史用語の一つだ。歴史教科書には、「古代、中国や朝鮮半島から日本に移り住み、大陸の進んだ文化や技術を伝えた人々」として登場する。古代の日本列島に存在した社会が、「国家」へと成長していく過程で、大きな役割を果たした人々とされている。しかし、その「渡来人」たちが、実際にどういう理由でやってきて、どんな活動をしたのか、その実態は不明瞭な部分が多い。

　そもそも「渡来人」とは、どういう人々を指すのだろうか。『広辞苑』第七版によると、「古代、朝鮮半島諸国や中国などから渡来し、日本列島に定住した人々とその後裔《こうえい》。特に四～七世紀に渡来した人々をいう（後略）」とされている。実に具体的な定義である。本来、「渡来」という語は、「ある場所からある場所へと移動する」という意味であって、「移動してそこに定住する」という意味は含まない。にもかかわらず、「渡来人」は「中国大陸や朝鮮半島からの移住民」という意味を慣用的に含み持つこととなった。このことは、「渡来人」という語が、特殊な意味を付与された歴史用語だということを示している。

「渡来人」が歴史用語として用いられるようになったのは、一九六〇年代である。それ以前は、「帰化人」と呼んでいた。『日本書紀』に登場する「帰化」の表現を援用したものだ。ここで用いられる「帰化」は、現代の法律用語である「帰化」とは少々意味合いが異なる。「帰化人」の「帰化」は、古代中国の中華思想にもとづき、王の支配が直接及ぶ文明社会の外側から、自ら中華の王の民になることを望んで訪れた蛮人を、王の徳をもって受け入れることを指す（田中二〇一九）。明確な政治性・思想性を帯びた、特殊な用語である。こうした中華思想にもとづく帰化の概念は、古代律令国家時代の日本でも取り入れられた。

奈良時代の初めに編纂《へんさん》された『日本書紀』では、古墳時代以前に関する記事でも、朝鮮半島からの人の渡来を「帰化」という表現で伝えている。しかし、こうした「帰化」の前提となる国家的な政治思想が、古墳時代以前の社会からすでに存在していたのかという疑問は、早くから提唱されていた。加えて一九六〇年代には、日本の歴史学界に、戦前の皇国史観と結びついて韓国併合を正当化する根拠とされた「帰化人」史観を見直すべきとする動きが巻き起こっていた。その結果、「渡来人」の語が「帰化人」の代替語として普及することとなったのである。

しかし、近年の古代史研究では、ただ単純に「帰化人」を「渡来人」に置き換えるだけでは問題があると指摘されている。律令期の古代日本には、たしかに政治的な制度にもとづいて「帰化」した人々が存在していた。こうした人々については「帰化」の表現を用いるのが適当である。では先ほどの疑問、古墳時代以前についてはどうだったのか。一般的には、いわゆる「帰化」の前提となる思想や政治体制は、古墳時代以前には遡らないとされる。だとすれば、古墳時代以前に朝鮮半島から渡ってきた人々を「帰化人」と呼称するのは、適切でないということになる。では、「渡来人」が最も適切な表現なのかというと、やはり様々な異論がある。ただ、ここでは、その呼び方に様々な議論があるということに留意しつつ、古墳時代以前に日本列島へと渡ってきた人々については、従来通り「渡来人」と呼んでおくこととしたい。

なお、古墳時代以前は「渡来人」と表現するのがより適切だ、ということは、同時に彼らが、律令国家の成立後よりも「政治的な制限なく」活動できた存在であったという可能性も示している。古墳時代に渡来した人々の故地、定住先、渡来のきっかけ、活動の内容など、その実態は、律令社会成立後に日本にやってきた人々よりかえって複雑であったかもしれない。しかし、彼らの実像を詳しく記した文献史料は、ほとんど伝わっていない。では、彼らの姿は、謎のヴェールに包まれたままなのか。いや、断片的ではあるが、彼らの姿を今に伝える資料が存在している。それが考古資料、つまり彼らが残した住居の跡や墓、生活用具といった遺跡・遺物である。

実は滋賀県は、全国的に見ても、渡来人の痕跡を考古学的に探り得る遺跡・遺物が非常に豊富に残された

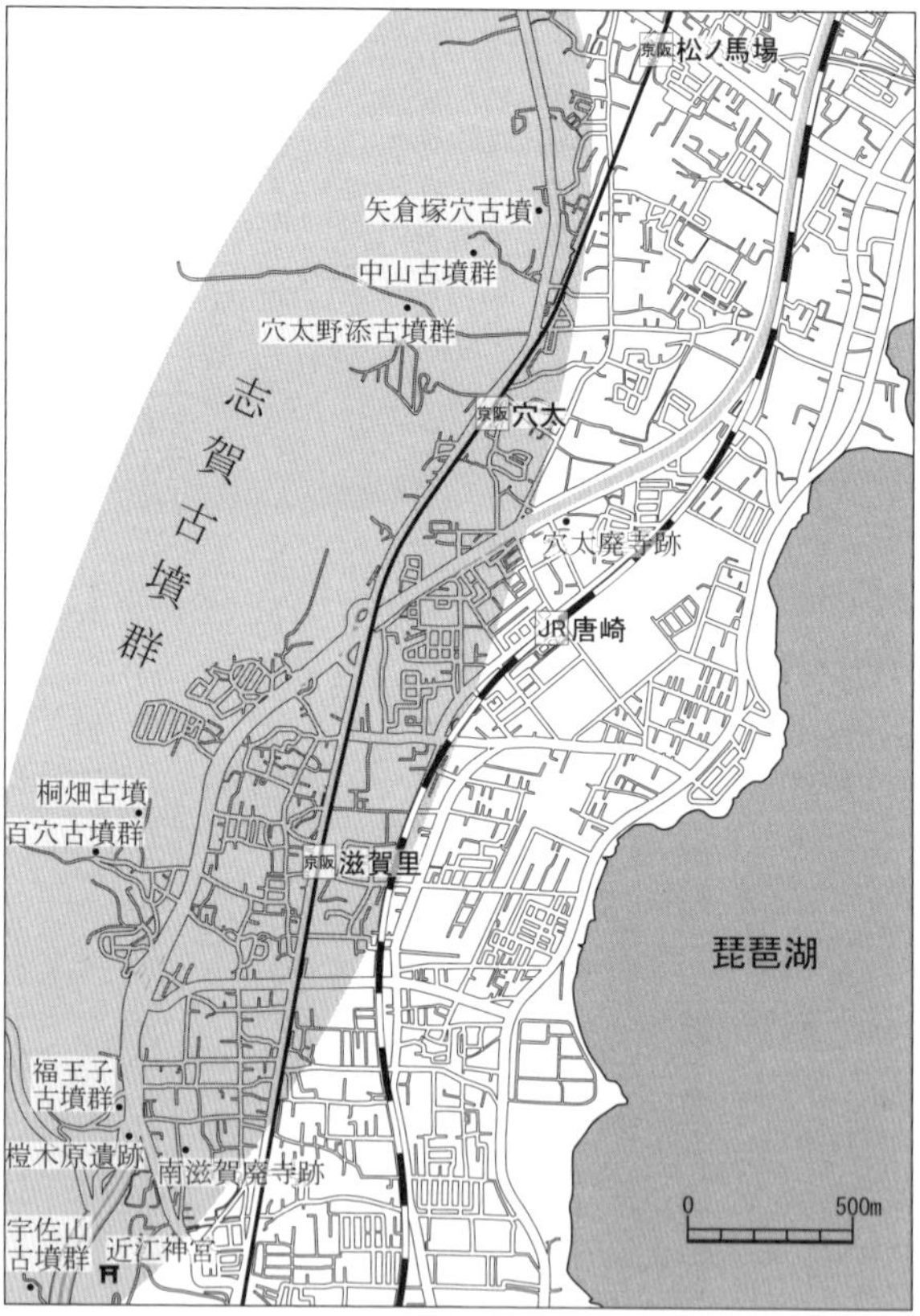

図1　穴太遺跡中心部（JR唐崎駅～京阪穴太駅周辺）と志賀古墳群

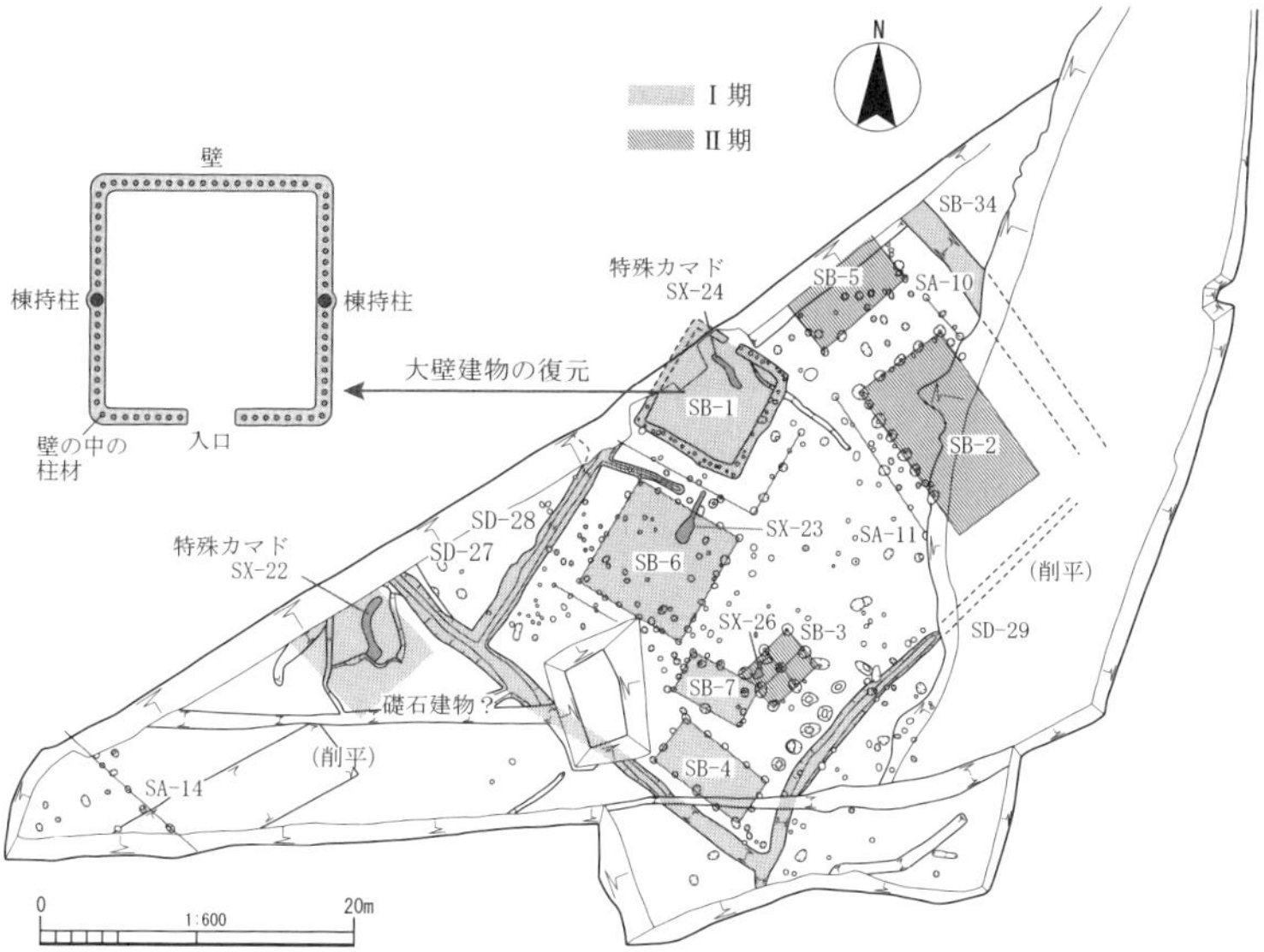

図２　穴太遺跡（弥生町地区）の遺構配置

地域である。ここでは特に、琵琶湖西南地域に残る渡来人関連遺跡を中心に、古墳時代以前の近江に定着した渡来人たちの「足跡」を追ってみたい。

古墳時代近江の「渡来人」を考古学的に捉える

穴太遺跡　具体的に、どのような痕跡から渡来人の存在を捉えることができるのか。大津市に所在する穴太《あのう》遺跡は、縄文時代から平安時代にかけての集落や墓、寺院が出土する複合遺跡だ（**図１**）。南北約一・〇km、東西約一・三kmにおよぶ広大な遺跡で、一九七三年に最初の調査が実施されて以来、現在までに四〇件以上もの発掘調査が実施されている。中でも、飛鳥時代に創建されたとみられる穴太廃寺は有名で、国指定史跡に制定されている。

　この穴太遺跡では、渡来人が住んでいたとみられる、六〜七世紀の集落跡が多数見つかっている。**図２**は、弥生町《やよいちょう》地区でみつかった集落の一部だ。発掘調査では、木などの部材でつくられた建物本体は消失して残っていないが、建物の柱を立てるための穴（柱穴）が規則正しく並んでいるのを見つけ出すことで、当時の様子をある程度復元的にうかがい知ることができる。セットとなる柱穴の検討から、当時の建物の存在を見つけ出したのが、SB－1～SB－7と番号が振られた遺構である。これらは基本的に、地面に掘った穴にそのまま木の柱を立てた「掘立柱建物」で、柱の大きさの違いはあれ、柱穴だけがその存在を示す痕跡として検出される。

図3　大壁建物の復元

　ところが、SB－1の建物は、他の建物とは少し異なっている。四角い溝の中に、小さな穴がたくさん並んでいる。これは、「大壁《おおかべ》建物」と呼ばれる特殊な建物の痕跡である。大壁建物とは、方形に溝を掘って中に細い柱材を立て並べていき、柱同士を横木でつないだ後、これに土壁を塗り込んで建物の壁面をつくり上げたもので、切妻《きりづま》の屋根が掛けられていたと推定されている（**図3**）。通常の掘立柱建物より、ずっと堅固で大掛かりな構造の建物だ。大壁建物SB－1では、土壁の芯になる柱のほかに、切妻屋根を両側から支える棟持柱《むなもちばしら》の穴とみられる遺構も見つかっており、非常に立派な建物だったと推測される。また、建物の南側には柵の痕跡とみられる柱穴がL字形に並んでおり、わざわざ柵を設けて区画されていたことがわかる。他の建物とは異質の特別な存在であったことは明白だ。

　穴太遺跡やその周辺の遺跡では、この大壁建物がいくつか発見されており、おおむね六世紀後半から七世紀前半頃につくられたものとみられる。こうした建物は、もともと日本列島に存在したものではなく、渡来人が持ち込んだ新しい様式の建築物と考えられている。大壁建物の存在は、その地に渡来人が存在した可能性を強く示唆している。

　さらに、大壁建物SB－1の内部

にある、「ＳＸ－24」という遺構に注目してほしい。これは、「カマド」の痕跡である。カマドというのは、上にナベなどをかけて、下で火をたくことで煮炊きするための調理用施設だが、このＳＸ－24のカマドは、やや特殊な構造を呈している。火を焚いた煙を逃がすための「煙道」が非常に長いのである。ＳＸ－24は後世の土石流の影響で残りが悪く、全体像を把握しづらいので、ＳＸ－24の南西側で検出された特殊カマド遺構ＳＸ－22（**図４**）を詳しく見てみよう。ＳＸ－22は、全長約四ｍに及ぶ巨大な石組みカマドである。焚《た》き口、燃焼室（カマドの本体）、煙道にわかれるが、煙道がやはり長く延びており、焚き口の左側に取り付いて二ｍほど続いたのち、北東に折れ曲がってさらに延びる。煙道の石組みは石を三段に積み上げた、高さ三〇㎝におよぶ立派な構造で、石は火を受けて赤く変色しススが付着していた。

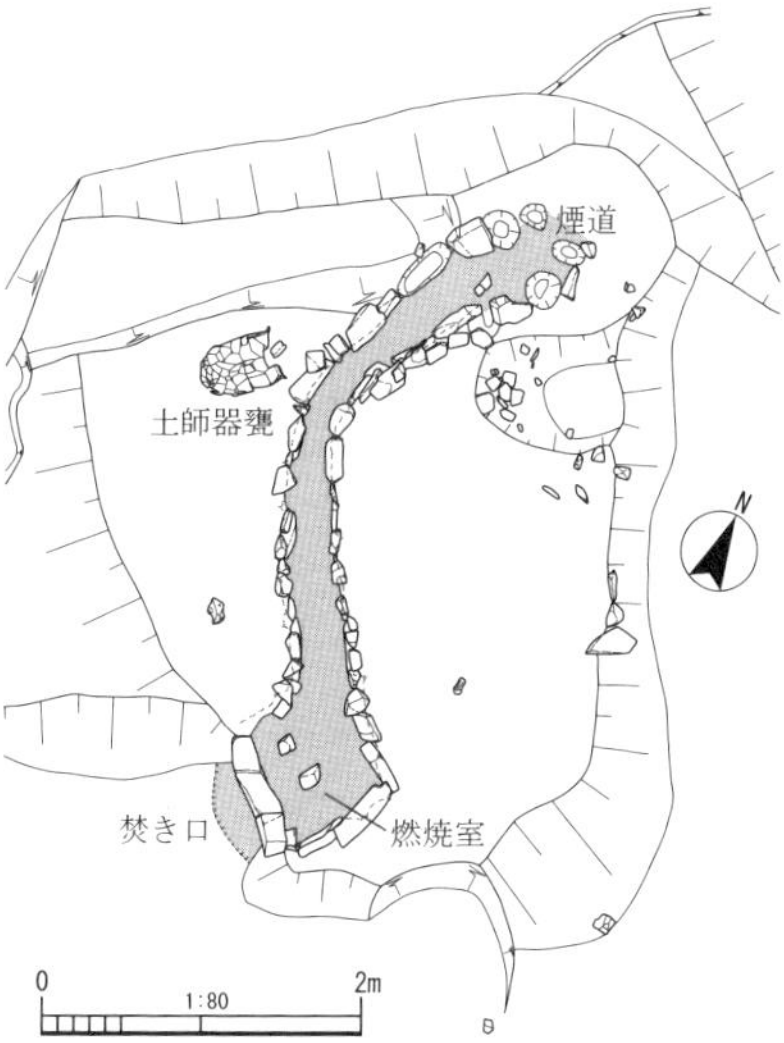

図４　穴太遺跡（弥生町地区）特殊カマド遺構SX-22

問題は、「なぜこのような長い煙道を取り付けたのか」である。実はこれは、単なるカマドではなく、「オンドル状遺構」と呼ばれるものである。ドラマや旅行で韓国文化に詳しい人なら、「オンドル」というのを聞いたことがあるかもしれない。オンドルとは、韓国で一般的な「床暖房」施設である。現代家庭のオンドルといえば、電気やガスを用いた温水床暖房が主流となっているが、もともとは台所のカマドで調理をした際に出る煙を床下に巡らせてから排出することで、家を床から暖める仕組みのものであった。ＳＸ－22の長い煙道は、調理で出た排煙を通して床下を暖める機能をカマドに付与するための構造なのである。こうしたオンドル状遺構は、年代的に先行する発掘事例が朝鮮半島で確認されており、渡来人が持ち込んだものであると考えられる。

このように穴太遺跡で出土した各種遺構は、当時の湖西地域にいわゆる「渡来人」と呼ばれる人々が定住し、生活を営んでいた事実をありありと示している。これらのほかにも、この地域に渡来人が存在していたことを示す考古資料がある。「墓」である。これらを次に見ていこう。

志賀古墳群　志賀《しが》古墳群は、穴太遺跡が位置する比叡山東麓、大津市北郊の坂本から錦織《にしこおり》地区にかけて分布する古墳群の総称である。距離にして六km弱の範囲に、穴太野添《あのうのぞえ》古墳群、穴太飼込《あのうかいごめ》古墳群、大通寺《だいつうじ》古墳群、福王子《ふくおうじ》古墳群など、三〇カ所以上の古墳群・単独古墳が集中しており、古墳の総数は六〇〇基を超える。これらの古墳は、五世紀末から六世紀初頭に出現し、七世紀前半まで築造が続けられた。被葬者の遺骸を安置する古墳内部の「埋葬施設」には、いずれも「横穴式石室」が採用されている。

志賀古墳群に築かれた古墳は、以前から「渡来人の墓」だと考えられてきた。というのは、これらの古墳が通常とはやや異なる特徴を持っているからだ。例えば、横穴式石室の構造。志賀古墳群の横穴式石室は、多くの場合、石室のメインルーム

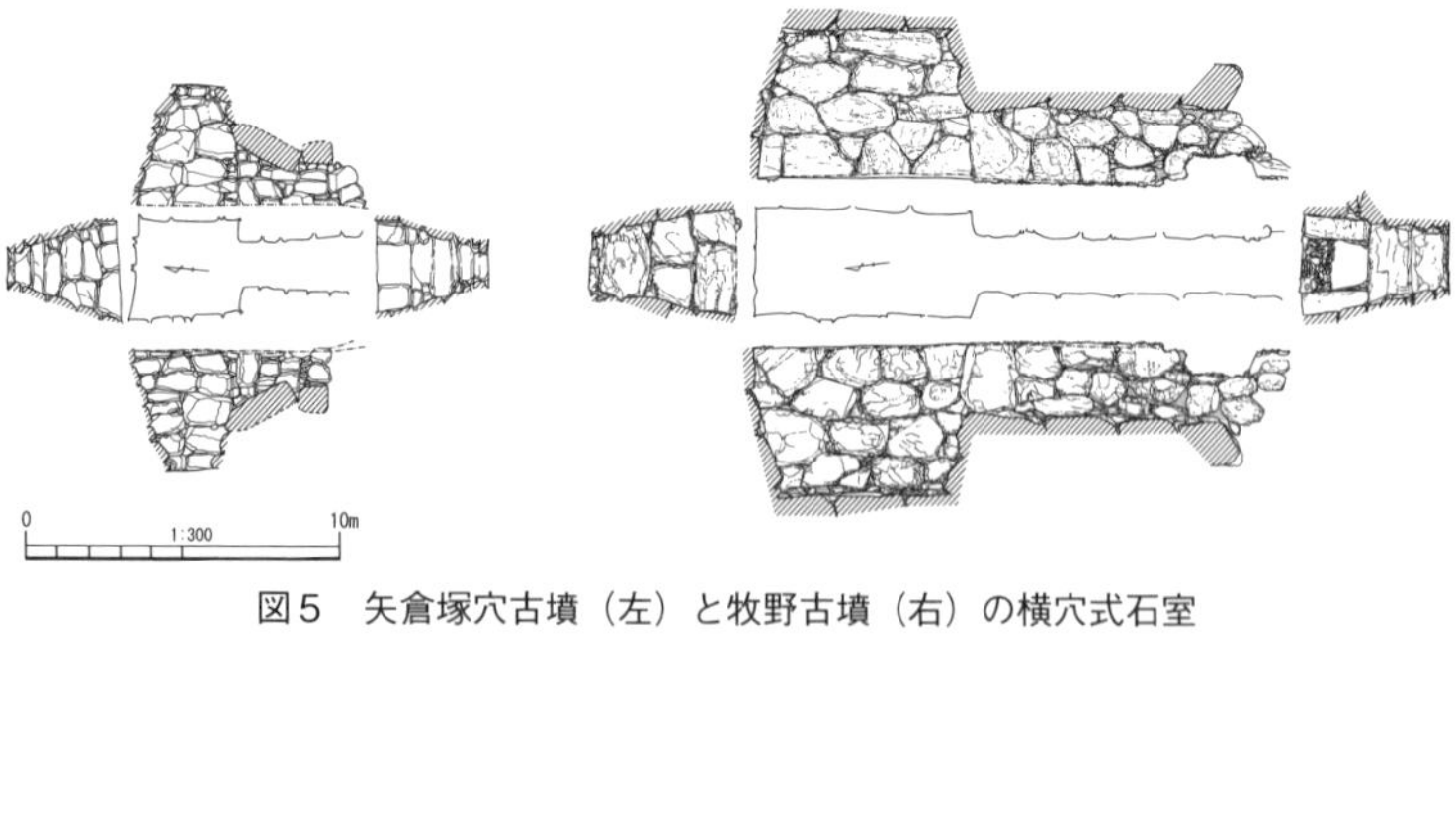

図5　矢倉塚穴古墳（左）と牧野古墳（右）の横穴式石室

（玄室）の間取りを正方形あるいは横長長方形にし、壁の石が天井に近付くにつれ急激に狭まるドーム状の構造をもつようにつくられている。**図5**の左は、大津市矢倉塚穴《やぐらつかあな》古墳の横穴式石室を図化したものだ。玄室を構成する壁の上方の石が四方からせり出し、天井がすぼまったドーム形を呈しているのがわかる。幅が狭まっているので天井が狭く、最終的に天井部分を塞いでいる石は一石だけで足りている。このような石室は、「ドーム状石室」とか、「穹窿《きゅうりゅう》頂《ちょう》持ち送り石室」と呼ばれている。ここでは、「穹窿形横穴式石室」（藤村二〇一〇）と呼ぶことにしたい。

　穹窿形横穴式石室は、滋賀県内の各地に散見するが、その大部分は琵琶湖西南地域の志賀古墳群に集中している。一方、ヤマト王権の中枢地域と考えられる奈良や大阪では、これとは異なる構造をもつ横穴式石室が築かれた。**図5**の右は奈良県牧野《ばくや》古墳の横穴式石室である。玄室の壁は天井近くで若干幅が狭まっているが、ある程度の高さで床面と水平の平天井が設けられている。天井が面的に広がるため、大きな石を三つ用いて天井を塞いである。牧野古墳の横穴式石室は「畿内型《きないがた》石室」と呼ばれるもので、王権の中心勢力とみられる首長墓から、近畿各地の群集墳に至るまで、広く共通して採用された形態の石室である。こうしたヤマト王権の横穴式石室の主流型式は、近江でも広がりをみせる。こうした中、志賀古墳群ではわざわざ独自の穹窿形横穴式石室を築造し続けるのである。このことは、そこに「墓づくりに強いアイデンティティをもつ人々」が住んでいたことを意味する。

　志賀古墳群の特異な点は、横穴式石室だけではない。死者を葬る際に一緒に埋める「副葬品」にも、特徴的な品々が見受けられる。中でもよく知られているのが、「ミニチュア炊飯具形土器」だろう。古墳には、死者を埋葬する際に、様々な土器が一緒に埋納されることが多いが、それらに混じって、炊飯調理に関する道具類をミニチュアでつくった土器が出土するのである。**図6**は穴太野添古墳群一八号墳で出土したミニチュア炊飯具形土器である。持ち運

図6　穴太野添18号墳出土
ミニチュア炊飯具形土器

びが可能な煮炊き用の「(移動式)カマド」、カマドにかける「カマ」、調理用の「ナベ」、蒸し器として用いる「コシキ」の基本的な四点セットが揃っている。コシキは、中華料理で用いるセイロのような道具で、底に穴が開いており、カマドにかけたカマの上に設置して使う。カマに水を入れて湯を沸かし、その蒸気を通して米などを蒸すのである。

そもそも、カマドやコシキといった調理用具は、五世紀代に朝鮮半島から伝わったものだ。もともと、日本列島では、米はもっぱら「炊く」ことで調理していたが、古墳時代の中頃にこれらの道具が伝わったことで、「蒸す」という調理方法が可能になった。ただし、コシキは全国的にもあまり多く出土していない。米を蒸して食べるのは、祭祀をおこなう際などに限られていたようだ。

こうした炊飯具のミニチュアをつくって墓に副葬するという埋葬儀礼もまた、渡来人がもち込んだものだろうと考えられている。ミニチュア炊飯具形土器は、普遍的に出土する副葬品ではない。大阪府南河内郡河南町の一須賀《いちすか》古墳群など、その出土事例は限られるが、やはり渡来人との関わりが指摘される古墳から出土している。なお、ミニチュア炊飯具形土器は、基本的に一つの墓に一つのセットが納められる。それぞれ形が少しずつ異なっていて、まったく同じ形のものはない。葬送の儀式がおこなわれる際、その都度つくられたものと考えられている。死者があの世で食べ物に困らないように、との思いを込めたものだろうか。

このように、墓の構造だけでなく、埋葬にともなう儀式の面でも、渡来人たちの存在をうかがうことができる。ただし、話はやや複雑である。実は、ミニチュア炊飯具形土器副葬の源流と考えられている朝鮮半島南部で、ミニチュア炊飯具形土器の出土事例がほとんど確認されていないのだ。近年、韓国の京畿道華南《キョンギドファナム》市にある甘一洞《カミルドン》遺跡でミニチュア炊飯具形土器が発掘されたが、志賀古墳群などで出土する日本の事例とは、カマドの形がずいぶんと異なっている（**図7**）。韓国での出土資料の蓄積を受け、ミニチュア炊飯具形土器の副葬を、手放しに「渡来人の習俗」とみなすことはできなくなってきた。とはいえ、カマドやコシキの日本列島への伝播過程からみて、ミニチュア炊飯具形土器が渡来系の文化と関わるものであることは間違いない。そのため最近では、日本列島へとやってきた渡来人が、定住し数世代にわたって活動・生活していく中で、ミニチュア炊飯具形土器を副葬するという葬送習俗を新たに生み出したのではないか、といった議論もなされはじめている。

図7　華南甘一洞1－3号地点15号石室出土ミニチュア炊飯具形土器

渡来人の痕跡を見に行こう

　考古学の研究では、文献に残された「文字の情報」ではなく、出土する遺物や遺構など「モノの情報」に準拠する。したがって、遺跡や遺物を実際に自分の目で観察するということが重視される。

　ここで紹介した様々な渡来人の「考古学的痕跡」の多くは、現在も直接「見る」ことができる。志賀古墳群には、後世の開発で消失してしまったものも多いが、**図5**の左に示した矢倉塚穴古墳は、現在も開口しており、内部に入ってその構造をうかがうことが可能である。ほかに、穹窿形横穴式石室の形態的特徴がよくうかがえる古墳としては、熊ケ谷《くまがたに》古墳群もおすすめだ。一号墳（桐畑《きりはた》古墳）は、石室の中に不動明王が祀られており、現在も地元の人々の信仰の対象となっている点も興味深い（**図8**）。近くの百穴《ひゃっけつ》古墳群にも、比較的良好な穹窿形横穴式石室が残っており、合わせて訪問しておきた

図８　桐畑古墳の石室と不動明王像

い。このほか、福王子《ふくおうじ》古墳群や穴太《あのう》野添《のぞえ》古墳群などにも、現地に横穴式石室の痕跡が残る。

これらの古墳から出土したミニチュア炊飯具形土器は、滋賀県内の博物館で実物を直に観覧できる。**図6**の穴太野添一八号墳出土品は、大津市歴史博物館に展示されている。カマドとカマ、コシキをセットした状態のこぢんまりとしたサイズ感、コシキの底に無造作に開けられた穴、把手の曲がり具合など、実際に見てみることで、「つくり手」の存在感が一気に身近なものになるだろう。滋賀県立安土城考古博物館にも、福王子古墳群や穴太飼込古墳群で出土したミニチュア炊飯具形土器が展示されている。カマドやコシキの細かなバリエーションを確認してみてほしい。

大壁建物やオンドル状遺構といった「遺構」は、運良く発掘調査の後に保存されることになった場合でも、通常は地中に埋め戻してしまうので、実物を直接見られる機会にはなかなか巡り会えない。しかし、先に紹介した特殊カマド（オンドル状遺構）ＳＸ－22は、調査後に移築保

図９　移築保存された穴太遺跡SX-22

存され、大津市歴史博物館で野外展示されている（**図9**）。煙道の石組には、今も、火を受けて変色したりススが付着したりしているのを直接確認できる箇所があり、渡来人が生活の中で実際に使用していたことを感じ取ることができる。

今回、直接ふれられなかったが、高島市の鴨稲荷山《かもいなりやま》古墳には、金銅製の飾履《くつ》（**カバー写真**）をはじめ数々の金工装飾品が副葬されていた。こうした煌《きら》びやかな品々や、それらをつくる技術も、大陸からもたらされたものだ。安土城考古博物館に展示された復元品は、その技術の高さを今に伝えている。

実物に触れて、当時に思いを馳せることから、考古学の研究は始まる。渡来人研究には様々なアプローチ方法があるが、考古学という「入り口」から渡来人たちの姿、古代の情景を垣間見る楽しさを、まず感じてもらいたい。

参考文献

・田中史生『渡来人と帰化人』（角川書店、二〇一九年）
・花田勝広『古代の鉄生産と渡来人―倭政権の形成と生産組織』（雄山閣、二〇〇二年）
・藤村翔「琵琶湖西南地域における穹窿形横穴式石室の展開と特質」（立命館大学考古学論集刊行会編『立命館大学考古学論集』Ⅴ、立命館大学考古学論集刊行会、二〇一〇年）

図版出典

図1：筆者作成。
図2：大津市教育委員会編『穴太遺跡（弥生町地区）発掘調査報告書』（大津市教育委員会、一九八九年）と花田二〇〇二の図面をもとに筆者作成。
図3：公益財団法人滋賀県文化財保護協会提供。
図4：大津市教育委員会編一九八九の図面を改変再トレース。
図5：左、横穴式石室研究会事務局編『近畿の横穴式石室』（横穴式石室研究会事務局、二〇〇七年）の図面を改変再トレース。
図5：右、奈良県立橿原考古学研究所編『史跡牧野古墳』（広陵町教育委員会、一九八七年）の図面を改変再トレース。
図6：筆者撮影（大津市埋蔵文化財センター所蔵）。
図7：筆者撮影（高麗文化財研究院）。
図8・9：筆者撮影。

3 大溝の景観から歴史を読む
―湖西の水と祭り―

市川秀之
Hideyuki Ichikaea

大溝を歩く

山科からJR湖西線に乗ると約五〇分で近江高島駅に到着する。列車の進行方向に向かって、左側（西）には山並みが続く。これは比良山系の一部で、後に訪れる日吉神社もその麓にある。近江高島駅のホームは高い場所にあり、東側にすぐ琵琶湖を望むことができる。この山並みと琵琶湖の間に広がるのが大溝《おおみぞ》の町である。現在の地名は勝野であるが、ここでは歴史的な呼称として人々に親しまれている大溝の名を使うこととしよう。湖西の小さな町大溝を歩きながら、そこに残る景観や行事から町の歴史を探っていきたい。

駅の改札を出るとまっすぐ東に伸びる道がある。この道の右側（南）には大溝城（陣屋）跡があり、左側には商人が住んだ町場が広がる。大溝城は、天正六年（一五七八）に信長の甥織田信澄によって築城され、本能寺の変の後、信澄が大坂城で敗死してからは城主が転々と替わった。元和五年（一六一九）に分部氏が伊勢より入って城主となり以後明治維新までその支配が続く。城跡には現在も天守閣の跡といわれる石垣が残されるが、それ以外の遺構はほとんどみられない。

この大溝城あるいは大溝の町の成り立ちを考えるときに、欠かせないのが乙女ケ池と呼ばれる内湖の存在である。内湖とは、湖岸流の働きで砂が堆積した砂州が、琵琶湖の一部を囲い込んだもので、琵琶湖周辺にはかつて四〇数カ所が存在した。近代に入り干拓などによって多くが消失したが、乙女ケ池は現在も旧来の姿で残されている。琵琶湖西岸を走る古い街道西近江路はこの砂州上を通っていた。大溝城は乙女池を防御施設として利用した水城であった。

大溝とその周辺

大溝城跡では何度か発掘調査が行われ、近年の発掘ではかつての石垣のあとや船着き場の遺構が出土している。

近世、近畿地方には小藩が集中していた。大溝藩も生産力の高いこの地方に大藩を配置することを警戒する幕府の政策の一つとして配置された小藩であった。小藩は大規模な石垣などを備えた城を持てず、領主の居住地附近は陣屋と呼ばれた。近江をはじめとする近畿地方は陣屋が密集する地域なのである。高二万石余りの大溝藩の居城も正確には大溝陣屋というべきであろう。

再び高島駅前の道路に戻ろう。この道の北側には大溝藩士の屋敷地が集中していた。この一帯は今も郭内《かくない》

大溝祭りの日の総門

と呼ばれるが、明治維新ののち武士たちは次第にこの地を離れ、郭内は田畑や住宅地となった。現在ではかつての面影を留めるものは総門だけになっている。

総門は郭内と町場を画する門であり、現在の大溝の町の人々にとっては陣屋の歴史的なシンボルとなっている。そして総門よりさらに北側には商家が集まる町場が広がる。この町の中心軸は南北に走る西近江路であるが、町は西近江路と平行して南北に走る四本の道によって構成されている。私は初めてこの町を訪れたときに、これらの道の中央を水路が走る景観に驚かされた。普通、水路は道路の両側を流れ、雨水や家々の生活排水がそこに落ちる。ところが大溝では道路の真ん中を水路が走り、そこには常に豊かな水が流れているのである。かつてこの水路には石段が設けられ、周辺の家の洗い場として使われていた。

町場には今も古い商家が残されている。有名な酒蔵や酢を醸造する商店が軒を並べ、古民家をカフェなどに改造した「びれっじ」一号館～四号館にも、多くの人々が訪れている。

また大溝は、毎年五月に神輿と五基の曳山が町中を練り歩く大溝祭りでも有名である。大溝祭りの曳山は長浜の曳山などに比べて小ぶりだが、これは道の中央の水路とも関係している。水路によって半分の幅になった道を通ることができる小型の曳山しか曳行《えいこう》できないのである。大溝祭りの曳山は京都祇園祭の山鉾などとは違って、解体せずそのままの形で蔵に入れられる。町の所々に建つ山蔵と呼ばれる高い蔵も大溝の景観に特色を与えている。

西近江路を北に進んでいこう。小田川という小さな川を越えると新町と呼ばれる地域に入る。その名称からみても大溝の町が成立してから新たにできた町であることが推測できる。このあたりで町並みは街道の両側に並ぶ家だけになり、さらに北に進んだ場所を東西に流れる和田打川まで大溝の町並みが続く。集落の東西には水田や畑が広がっている。

大溝は琵琶湖に面する港町でもある。現在でも港周辺には古い石垣が残るが、元文二年（一七三七）絵図には現在の港の北側に今一つ港が描かれている。この舟入や運河には酒などを運ぶ船が行き来していた。また現在も残る港は炭や材木などを運ぶ丸子船が集まる場所であった。現在では当時の賑わいは古い写真で偲ぶしかない。

昭和二年（一九二七）江若《こうじゃく》鉄道が開通し現在の近江高島駅の場所に駅ができた。駅からの道はこの時に作られている。江若鉄道は浜大津と今津を結んでいた鉄道で、昭和四四年（一九六九）に廃止されるが、昭和四九年には湖西線が開通する。鉄道の敷設によって、舟運が中心であった大溝の交通は大きく変化した。明治以来、大溝港には定期船が運航していたが、昭和二四年（一九四九）には廃止され、港は漁船だけが利用する漁港となった。かつては屈曲して港近くを通っていた西近江路も、現在のルートに変更された。鉄道の敷設は交通のみならず大溝の景観にも大きな変化を与えたのである。

以上紹介してきたように、大溝ではさまざまな特色ある景観をみることができる。それぞれの景観に共通する特色は、大溝という地名も表現するように「水」であろう。水と人々の暮らしが深くかかわる景観が多く残されている点が高く評価されて、二〇一五年に「大溝の水辺景観」は国の重要文化的景観に選定されている。以下、「水」をキーワードとして大溝の町をさらにつぶさにみていきたい。

伝統的な上水道

これまで大急ぎで大溝の町を歩いてきたが、景観から歴史を探るためには、そこに住む人々にお話しを聞きながらゆっくりと町を歩くことが必要である。そうすればその町にしかない特色に気づくものである。私が最初に驚かされた道路中央を走る水路もその一つであるが、このときにもう一つ私の興味を引いたものに、町のはずれにたつレンガ作りの構造物があった。この構造物の上部からは何本かの塩ビパイプが出ている。近づいてよく見ると、構造物の上部は空いていて、覗くと水が湧き出している。この水が塩ビパイプに入るのだが、パイプは構造物の近くで地下に埋設されていて、その先はよくわからなかった。

近くの人に聞くと、これは山から引いてきた水を各家に配分するためのタチアガリと呼ばれるものだということがわかった。各家ではこの水を飲料水や洗い水として利用している。大溝では近代的な上水道ができる以前からこのような山水を埋設管によって集落まで引き、それをタチアガリで分配して各家で利用する仕組みが存在したのである。現在は塩ビパイプだが、以前は節を抜いた竹を利用していたことも地元の人からお聞きした。もともと水利用に関心があった私は、この伝統的な上水道のシステムを調べてみようと思い立った。

それまでに私はいろいろな場所で農業用水の流れを調査してきた。そのためには地図を持って水田の間を歩き回り、水路の水の流れや水田への取水方法を調べる必要がある。ところが大溝の伝統的上水では管が埋設されているので、目で確かめることはできない。私は大溝の人々に聞き取りをしながら水の流れを地図に記入していった。

皆さんの中には昔から上水道などがあったのかと思われる方も多いだろう。ところが近世には江戸を初めとして全国の都市に、埋設管によって配水する伝統的上水道が敷設されていたのである。参勤交代で江戸住まいを余儀なくされた各大名の江戸屋敷にも上水道は引かれていたので、大名は国元の城下町でも上水の敷設を進めた。湖西では大溝や朽木市場に伝統的な上水道がみられるが、いずれも陣屋町であり江戸の上

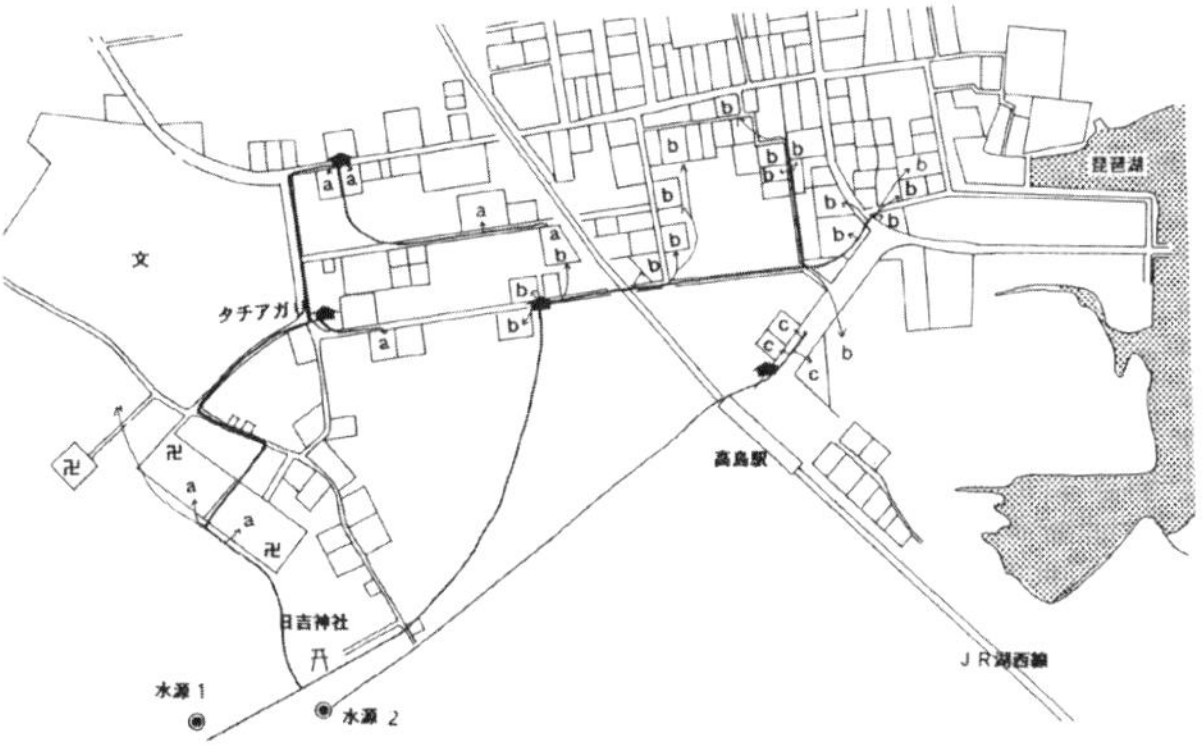

郭内・山の手の伝統的上水道

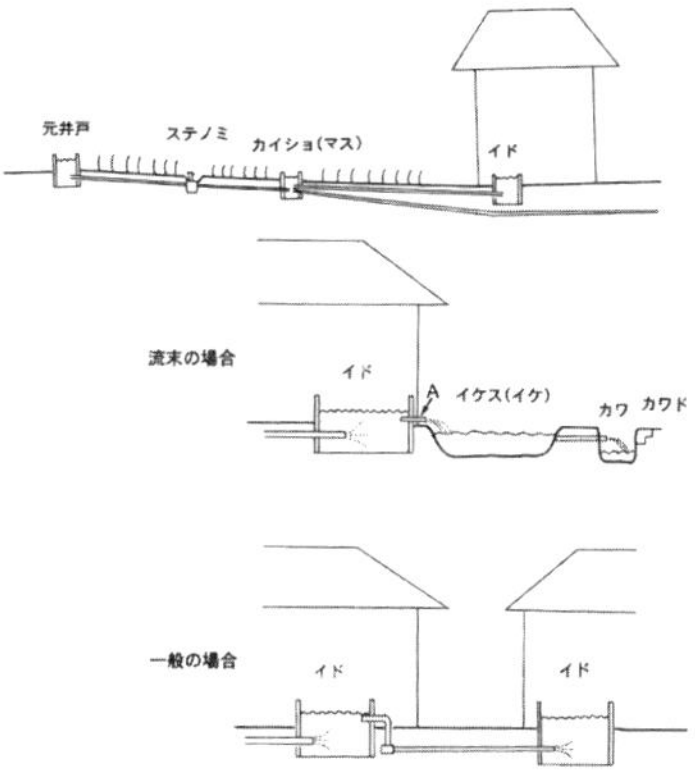

町場の伝統的上水道の仕組み

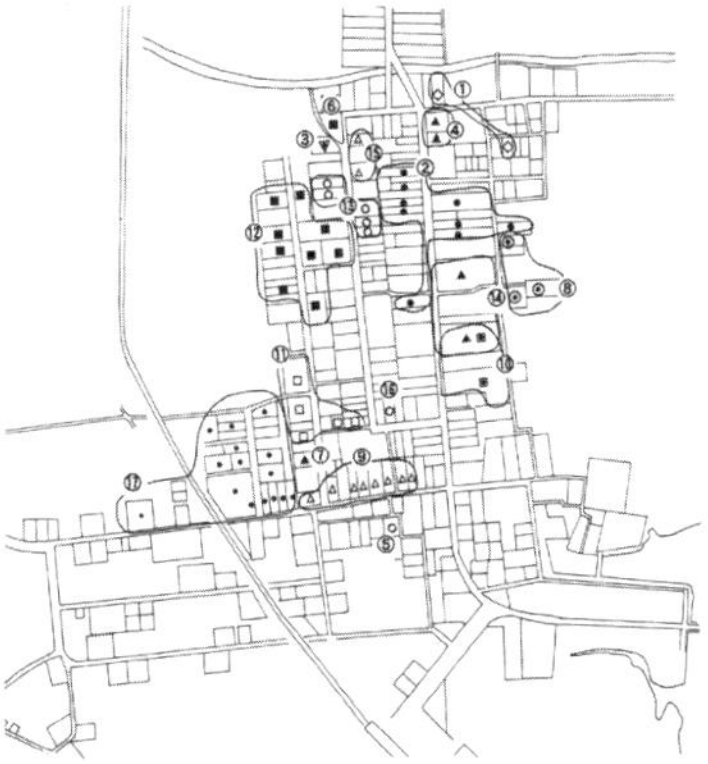

町場の伝統的上水道

水道の仕組みをその地に適合した方法で採用したものと考えられるだろう。

調査を進めるうちに、大溝の上水道のシステムは大きく二つに分類できることが明らかになってきた。一つは山から埋設管によって集落まで水を引き、いくつかのタチアガリによって各家に分配する地域である。水源地は西側の山を少し上がったところにある大溝の鎮守日吉神社をさらに上に登った場所である。この場所から水を引く地域は、日吉神社周辺の山手地区、先ほど述べたかつて武家屋敷が集まっていた郭内地区、そして港近くの湊地区である。これらの地区の伝統的上水道は「山水」と呼ばれ、かつては領主が住む御殿でも利用されていたという。これらの地区でもいくつもの組にわかれて山から水を引いている。同じ水源を利用する家々は井戸仲間という組織を作り、会費を集めて管や取水施設の管理を行っている。

山水の水源は高い場所にあるので、タチアガリで分配された水は各家でも一mほどの高さの柱を作り、そこから水が出ている。閉じた管であれば、埋設した管であっても同じ高さまで水をあげることができるというサイフォンの仕組みが使われているのである。この仕組みであれば現在の上水道と同じく家庭ではしゃがまずに水を利用することが可能である。この水道の仕組みがいつできたのかは史料では明らかにできないが、平成二年（一九九〇）に当時の高島町教育委員会がおこなった発掘調査では、上水道遺構の一部が検出されており、そのときに出土した木材には「文政十二年」（一八一五）という墨書があった。この山水を利用した上水道システムも近世後期に敷設されたものと考えられるだろう。

ところが総門より北の町場地域では、小田川に沿った湧水地にたくさんの元井戸と呼ばれる湧水井戸を設け、そこから埋設管によって集落まで水を導き、各家に水を分配していた。湧水地の標高は集落とほぼ同じであるから、各家では井戸状の施設を設けてそこに水が引かれる仕組みになっている。この地域でも井戸組が組織され各井戸組は独自の元井戸（湧水地）を保有している。このシステムだと各家では井戸から水をくみ上げる必要があり、家の配置によってはある家の井戸で余った水を次の家に送る場合もみられる。特定の家で水を汚すと、同じ井戸組の家に影響を与えることになるので、ある井戸組では毎年七月七日には寄合を持ち、その際に全員で各家の井戸をみてまわることが行事化していた。この仕組みでは水は流しっぱなしになるが、流末の家では井戸から溢れた水を野外のイケスやイケと呼ばれる水槽に落として撒き水や洗い水、フナやコイの飼育などに利用し、そこからさらに溢れた水は道路を流れる水路（カワと呼ばれる）に落とすといった循環的な水利用がなされていた。現在はカワの水は防火用水などに利用されるだけだが、かつては洗い場としても利用されていた。

　このように大溝の伝統的上水道には二つの仕組みがあるが、そのうち小田川沿いの湧水地域からの水を利用する地域は、近世から商家が立ち並ぶ町場地域であった。これに対して山水は高い場所から取水されているのでタチアガリで水を分配し各家でも高い位置でそれを利用することが可能である。この山水を利用するのはかつて武家屋敷が並んでいた郭内を中心とする地域であった。近世にできた上水道の仕組みには明確な武家と町人の差異があり、この差異は現在でも地区ごとの水利用に影響を与えているのである。

集落内を流れる水路

　このように現在の水利用から近世の陣屋町の構成をうかがうことができる。大溝の伝統的上水道が整備されたのは近世後期のことと思われるが、このような上水道が整備されるまで大溝の人々はどのように水を利用していたのだろうか。各家に掘り抜き井戸がない大溝の町場の人々は上水道以前には道路中央を流れる水路の水を共同で利用していたものと考えられる。

　滋賀県の町や村では集落のなかを流れる水路を水が勢いよく流れている景観によく遭遇する。水が乏しい大和や河内の村落を長らく歩いてきた私にとって、このように常に水が流れる水路の景観は実に新鮮であった。道路の中心を流れる大溝の水路（カワ）にも常に水が流れているが、この水はどこから来ているのだろうか。再び地図を持ちカワに沿って歩くこととしよう。

　大溝の町は四本の南北方向の道によって構成され、道やそのまわりに建つ家によって構成される町は、東（琵琶湖側）から本町通・中町通・西町通・石垣と呼ばれている。これらの町を流れるカワを上流に辿ると、本町通・中町通・西町通ではいずれも小田川に堰を設けてそこから水を引いていることがわかった。ただこれは一九七〇年代以降の琵琶湖総合開発事業によって小田川の改修が行われて以降の形であって、聞き取りによるとそれ以前は上水道と同様に小田川に沿った湧水地域を水源としていたという。つまりかつて飲料水を供給していた水路も、後に敷設された上水道もともにこの湧水地域を水源としていたのである。これらの水路網は先にみた元文二年（一七三七）の絵図にもすでに描かれているので、大溝の陣屋や町割りが作られたのと同時に水路網が設けられたものと考えるのが妥当だろう。ただ一番西側に位置する石垣の水路だけは西側の山から流れ出す谷川から引いた農業用水路を利用したものであり他とは異なっている。

集落中央を流れる水路

　石垣の名は築造以前の姿を描いたと思われる「勝野古絵図」にも記され、また近世の地誌である『近江輿《おうみよ》地志略《ちしりゃく》』にも中世の音羽荘を構成する村の一つとして登場する。石垣は陣屋町の成立以前から山から引いた水を農業や生活に利用し、それが現在の水路の水源の差となって残存していると考えられる。このように大溝の町を流れる水路から、陣屋築造以前の姿がおぼろげながら浮かび上がってくる。

大溝祭りの景観

　次に湖西の代表的な祭礼である大溝祭りから、町の歴史を考えてみることとしたい。祭りの景観においても水がキーワードとなる。

　大溝の鎮守日吉神社は現在の近江高島駅から西へ約五〇〇m、山を少し上った標高一三〇mの場所に鎮座する。日吉神社はその名の通り大津市坂本の日吉大社を勧請した神社で、「比叡山延暦寺護国縁起」には嘉祥二年（八四九）に勧請されたことが記される。戦国時代には石垣村が鎮守として日吉神社を祭祀していたが、分部氏が大溝に入り陣屋町が形成されることによって大溝全体の鎮守となったと伝承される。

日吉神社の祭礼大溝祭りは、大津の日吉大社の山王祭の強い影響を受けている。毎年四月中旬におこなわれる山王祭はわが国の神輿を出す祭りの基本となった祭りである。その構成はかなり複雑だが、ごく基本だけを紹介すると、日吉大社の背後にそびえる八王子山から神霊をのせた神輿を麓の神社におろし、氏子圏である坂本の町を神幸したのち、港から神輿を船にのせて琵琶湖に出て、そこで神饌を琵琶湖へ供えまた神社に戻っていくという祭りである。農耕が始まる春に山から神を神輿にのせて麓に迎え、町や里をめぐったのち琵琶湖も祝祭するという意味合いを持っている。日吉大社は延暦寺の鎮守であったため、多くの延暦寺荘園に鎮守社として勧請され、山王祭も全国の神社の祭りの構成に影響を与えた。それぞれの神社が鎮座する場所は地形や生業などが異なっているため、地域の条件にあわせて山王祭の構成要素は置き換えられていく。そこからその土地の人々の自然観などをうかがうことができる。大溝祭りにおいては、どうであろうか。今度は祭りの主役である神輿や曳山の動きを追いながら、大溝の町をめぐりたい。

五月に行われる大溝祭りには五基の曳山が出されるが、これらは宝・竜・湊・勇・巴という名で、それぞれの名を冠した町組の若衆によって曳かれる。ただ日吉神社の氏子地区がすべて曳山を持つわけではない。日吉神社近くの山ノ手地区と、町場のもっとも西側にある石垣地区は宮元と呼ばれ、祭りのなかで特権的な地位を持っている。この両地区は曳山を出さず神事のなかで諸人《もろと》と呼ばれる役割を担い、神輿の渡御の供奉、神域の整備をおこなう日吉普請、神輿出しを務めるなど、本来は祭りの中心であった神輿にかかわる役割を務めている。山ノ手地区は伝統的上水道において山水を利用できる地域であり、石垣は他とは異なった水路の水源を利用している地区であった。陣屋町形成以前から存在していた地区であり、そのことが水利用や神社祭祀での特権的な立場に関係しているのだろう。祭りの組織はそれぞれの地区の歴史性も反映するのである。

現在は五月三日が宵宮で、朝から神社には幟が建てられる。この日の夕刻には幕などで華麗に飾られた曳山の曳行《えいこう》がある。町の北側にある勇組の山蔵附近に曳山が集合し本町通りを南に進み各町をめぐった後に総門前を経て港へと向かう。日が暮れると曳山の提灯には灯がともされ、それが水面に映る景観はとても美しい。曳山が再び本町通りに戻って解散するころには時刻は一〇時を過ぎている。この宵宮の行事は町のなかで完結しており、また曳山とそれを曳く各組の若衆が主役の行事である。

大溝祭りの曳山では二階部分で囃子《はやし》が演奏される。「はやされる」対象は神霊をのせた神輿であり、神輿が移動するために、曳山もまた移動することとなる。祭りの構成をみるためには、曳山だけではなく神輿にも注意を払わなければならない。五月四日の大溝祭りの本日（ほんび・祭りの中心となる日）にも、曳山とならんで神輿が出される。この神輿の動きに注目しながら本日の大溝祭りを見学してみよう。

本日の朝九時より日吉神社の本殿で神事が始まる。日吉神社の境内は長い階段を上がった場所にあり、境内の絵馬堂には石垣などの人からなる宮元衆が着座している。神事が終わると他の参列者は階段を下りて社務所に向かうが宮元衆は神輿の出立をそのまま待つ。一方各組の曳山は一〇時に総門前に集合する。このことからも総門の大溝の人々にとっての重要性がわかる。すべての曳山が揃うと、一同は日吉神社の階段下にある馬場へと向かいそこに並ぶ。この馬場が大溝祭の二番目の集合場所になる。

拝殿に安置された神輿は各組から選ばれた神輿かきによって担がれる。鳥居の前でのあいさつを終えると神輿かきたちは一斉に長い階段を駆け上がる。拝殿から出された神輿は、長い階段を下っていく。日吉大社の山王祭では、八王子山から神輿を担ぎおろす場面がハイライトであるが、それと対応する場面である。馬場についた神輿はそこで神霊移しや飾りつけを終え曳山とともに巡行をスタートさせる。

日吉神社の階段を下る神輿

現在は新しい住宅地なども日吉神社の氏子となっているために、巡行の範囲は随分広いが、重要なのは御旅所の位置である。御旅所の位置は、その土地の歴史と民俗を考える上で重要なヒントを与えてくれる。大溝祭りの場合には乙女ケ池と琵琶湖の間を画する砂州に御旅所が設けられている。興味深いのは神輿が琵琶湖ではなく内湖である乙女ケ池に向けて置かれ神事がおこなわれることである。山から降りた神霊が水辺に至るという構成は言うまでもなく山王祭をモデルにしたものであるが、御旅所の場所からは、大溝の人々にとって内湖が琵琶湖以上に重要な場所として認識されてきたことがうかがえる。乙女ケ池は、地元の人々が漁撈や農業用水として利用してきた琵琶湖よりもさらに生活に密着した「近いウミ」であり、そのような感覚が大溝祭の御旅所の位置や方向にあらわれている。

乙女ケ池に面した御旅所

このように大溝祭りの神輿や曳山のルートは人々が長い歴史のなかで育んできた場所への認識や自然観などをわれわれに教えてくれる。

景観から歴史を読み解く作法

景観から歴史を読み解くには、まずはその土地を訪れ自分の足で景観を確認することからはじめなければならない。そこで興味深いコトやモノに出会えたら、今度は地図を持って町を歩いてみよう。水の流れや土地の利用方法は目で確かめて地図に書き入れていくことができる。しかし埋設された水道などは地元の人々に聞き取りをして確認する必要がある。そういった情報も丹念にメモをして、その結果を地図に書き込んでいく。また景観にもハレとケがある。たとえば祭りのときには、町や神社に幟が建てられ、家々には幕が張られ提灯がつるされて町の景観は一変する。祭りを見学するときには神輿や曳山が巡幸するルートも地図に記録してみよう。データを重ね合わせ、ほかの資料などとも照合することによって、景観に秘められた地域の歴史が浮かびあがってくるのである。

参考文献

・市川秀之「滋賀県湖西地域の伝統的上水道」(『近畿民具学会年報』二五号、近畿民具学会、二〇〇二年)

・市川秀之「集落内水路からみる大溝の町場形成」(『淡海文化財論叢』第八号、淡海文化財論叢刊行会、二〇一六年)

・市川秀之「城下町の生活文化」(『「大溝の水辺景観」保存活用事業報告書』高島市、二〇一四年)

写真:すべて筆者撮影

4 清水山城と城下町

—湖西の巨大山城を歩く—

中井 均
Hitoshi Nakai

近江の山城

近江は琵琶湖の国であるとともに城の国でもあった。一九八一年より滋賀県教育委員会が実施した中世城館跡の分布調査では約一三〇〇カ所もの城館跡の存在が確認された。この分布数は旧国単位としては全国屈指の多さを誇る。

近江の城館のあり方は数が多いというだけではない。守護、戦国大名の巨大な山城としての観音寺城、小谷城。甲賀郡中惣《こうがぐんちゅうそう》の小規模な方形構造の城。国境に築かれた境目の城としての長比《たけくらべ》城、苅安《かりやす》城、鎌刃《かまは》城。戦争のときにのみ築かれた陣城としての虎御前山砦、賤ヶ岳合戦の陣城群。そして近世城郭の門戸を開いた安土城など多種多様におよんでいる。近江の城館構成は日本城郭の縮図と言えよう。

今回はそうした多様な近江国の山城のなかから琵琶湖の西岸に位置する高島郡に築かれた清水山《しみずやま》城とその城下を歩いてみよう。高島郡は中世に佐々木氏の一族である高島氏が支配していた。佐々木氏は近江守護であり、信綱の四人の子息は長男重綱が坂田郡大原荘地頭職を得て大原氏を称し、次男高信が高島郡田中郷の地頭職を得て高島氏を称し、三男泰綱が惣領として近江守護職を得て六角氏を称し、四男氏信が愛知川以北六郡の地頭職を得て京極氏を称した。

高島氏は惣領家が代々越中守に任

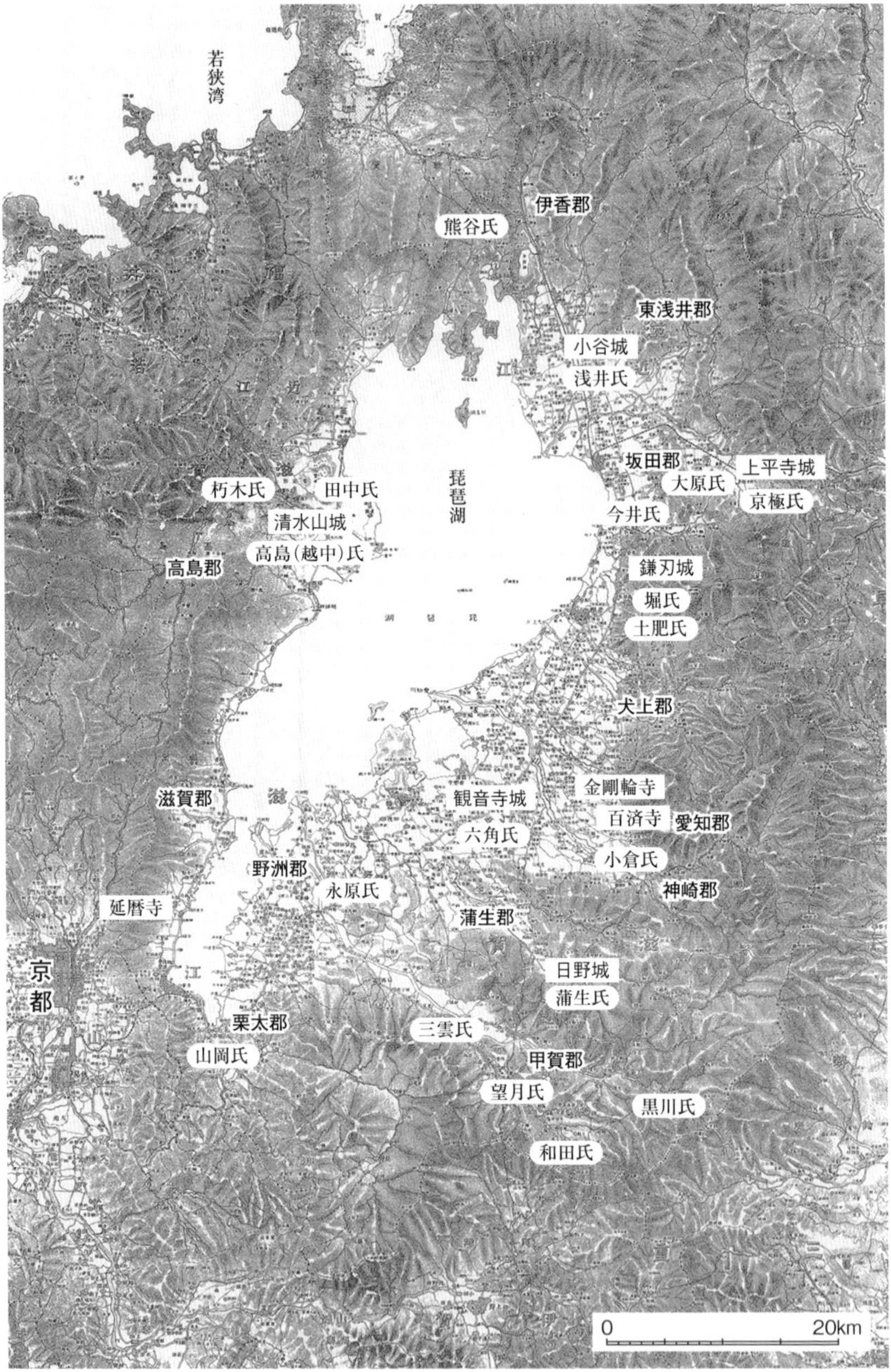
若狭湾
伊香郡
熊谷氏
東浅井郡
小谷城
浅井氏
坂田郡
上平寺城
大原氏
京極氏
今井氏
朽木氏
田中氏
清水山城
高島(越中)氏
琵琶湖
高島郡
鎌刃城
堀氏
土肥氏
犬上郡
金剛輪寺
観音寺城
百済寺
愛知郡
滋賀郡
六角氏
小倉氏
野洲郡
神崎郡
永原氏
延暦寺
蒲生郡
京都
日野城
蒲生氏
栗太郡
三雲氏
山岡氏
甲賀郡
望月氏
黒川氏
和田氏
0
20km
近江の主な領主と城館

じられたことより、越中家と呼ばれ、分家として朽木氏、田中氏、能登氏、横山氏、永田氏、山崎氏の家々があり、これらを総称して七佐々木、西佐々木七人、高島河上七頭、七頭などと呼ばれていた。この越中家代々の居城と考えられるのが清水山城である。江戸時代に編さんされた『近江與地志略《おうみよちしりゃく》』には「平井村　〇古城跡　清水山に在。佐々木越中守居城の跡也と云」と記されている。

清水寺と清水山城

　清水山城は安曇川左岸西方に広がる饗庭野《あいばの》台地の南東部に位置する標高二五〇mの清水山に築かれている。山頂からの眺望は抜群で、山麓に広がる高島郡の平野はもちろん、琵琶湖の対岸まで望むことができる。さらには眺望とともに東山麓に北国海道（西近江路）が南北に縦貫しており、この街道を押さえることもここに城の築かれた大きな理由であったことがわかる。

　こうした軍事的な要衝であるとともに、清水山が選ばれた大きな理由としてこの山に創建された清水寺《せいすいじ》という天台宗の山岳寺院の存在がある。一見、寺院と城郭というものは無関係のようであるが、実は両者には強い関係性が存在する。

　古代末から中世初頭にかけて山寺と呼ばれる寺院が山中に建立される。山寺は地域における聖地として信仰されることとなる。戦国時代にはこうした聖地に城が構えられるようになる。

　例えば近江守護六角氏の観音寺城は、西国三三観音のひとつ、観音正寺の建立された繖山《きぬがさやま》に築城されている。観音正寺と観音寺城は対立する関係ではなく、共存関係にあった。通常の山城では山頂部に本丸が構えられるが、観音寺城では山頂部より一段低い尾根筋上に主要な曲輪《くるわ》である本丸、平井丸、落合丸、池田丸が構えられている。以前はこの構造が戦国時代の山城としてはイレギュラーな構造と評価されてきた。しかし、聖地に城を築くという構造からは納得できる。中世の山岳寺院は谷の一番奥まったところに平坦面を設け、本堂などの伽藍《がらん》を構える。そして本堂へは山麓から一直線の参道を設け、その両側を階段状に加工して坊院を構える。山頂部は神仏が降臨する聖なる場として堂塔は建立されない。観音寺城が構えられた繖山も山頂近くの岩陰には平安時代後期の摩崖仏《まがいぶつ》が刻まれ、奥之院となっている。ここには城を築かず、一段低い尾根筋に本丸などを構えたのである。

　では、なぜ聖地に城が築かれたのであろうか。それは地域における信仰の山に城を築くことによって守護、戦国大名として地域住民に聖地を守ることを示し、さらには城という軍事施設を神や仏が守ってくれるという神仏の力に頼ったものとも考えられる。

　近江では江北の守護である京極氏の上平寺城も伊吹山信仰の寺院である上平寺に構えられた城であった。「上平寺城古図」（米原市教育委員会所蔵）には山城である上平寺城とともに山麓部に構えられた上平寺館も描かれている。そこには守護館や上級家臣の屋敷が規則正しく方形に区画されており、これこそが上平寺の坊院跡を利用したものであることがわかる。

　さて、清水山城であるが、清水寺という寺院を利用して築かれた城と考えられる。この清水寺については延暦年間に伝教大師によって創建されたと伝えられている。一五世紀初めには佐々木越中氏が清水寺領の代官を請け負っている。文安四年（一四四七）には佐々木氏の氏神河内宮神主及び多胡氏が山門西塔末寺で勅願寺である清水寺に狼藉を働き半年間占拠するという事件が起きている。延徳三年（一四九一）には清水寺極楽坊が京都北野社に売却され、以後衰退するようである。その跡地を意識して越中氏が城郭を構えたのである。これは観音寺城と観音正寺が共存するというモデルとは違い、聖地の跡地に城郭を構えるという構造を示している。なお、清水寺の本堂跡と伝えられる平坦地が山城の一画に残されている。

清水山城の構造

　清水山城は典型的な戦国時代の山城の遺構を残す城跡として二〇〇四

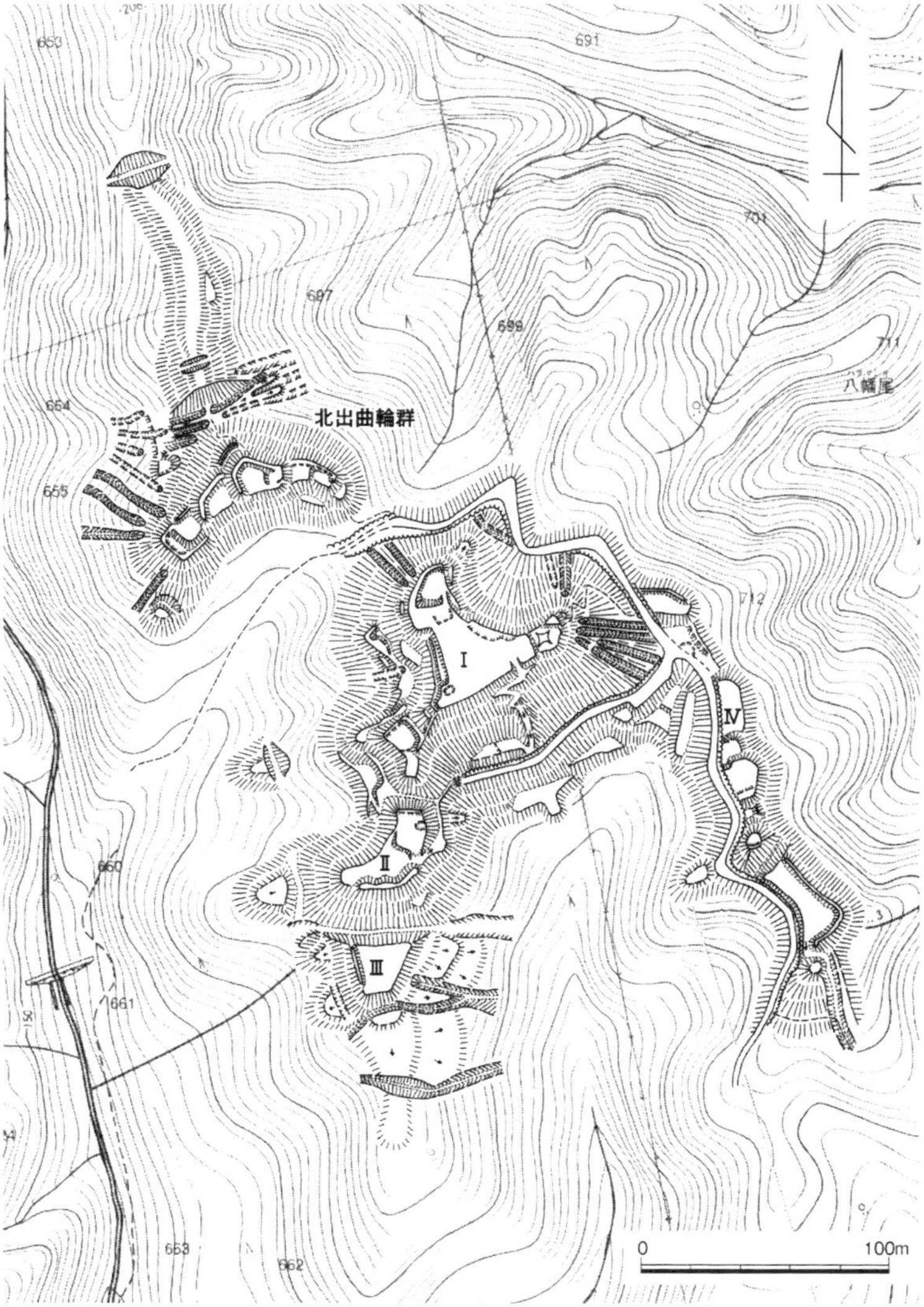

図１　清水山城跡概要図（小林裕季氏作図）

年に国の史跡に指定された。戦国時代の山城は土木施設である。山を切り盛りして兵の駐屯地となる曲輪《くるわ》、敵からの攻撃を遮断する堀切《ほりきり》や土塁《どるい》が築かれる。建物は武具庫などの小規模な掘立柱建物が建てられていたに過ぎない。

通常の戦国時代の山城は居住するものではなく、戦争のときに立て籠もる詰城であった。普段は山城の山麓に居館を構えてそこに居住し、いざ戦争となると防御しやすい山城に立て籠もったのである。つまり防御空間としての山城と、居住空間としての居館という二元的構造が戦国時代の山城のあり方であった。

清水山城の場合、山頂に山城を構え、山腹には屋敷群が認められる。さらに清水山城では山麓の平野部に「御屋敷」、「犬ノ馬場」と呼ばれる小字名が残されており、ここにも居館のあったことが窺える。どうも清水山城は単なる二元的構造の山城ではなかったようである。

山城

山城部分は主郭Ⅰを中心とする主要部と、北部の北出曲輪群という二つの区画から構成されている。

主要部は主郭Ⅰとその西南尾根に構えられた曲輪群Ⅱ、Ⅲと、東南尾根に構えられた曲輪群Ⅳから構成されており、曲輪、切岸《きりぎし》、堀切、土塁などの人工的防御施設が構えられている。そのなかで最も注目されるのが主郭Ⅰ東部の切岸に設けられた畝状竪堀群《うねじょうたてぼりぐん》である。切岸と呼ばれる防御壁は曲輪直下の斜面を人工的に急斜面として敵を登らせないようにしている。さらにその切岸に竪方向に掘り込んだ空堀を連続して設けることによって、敵の斜面移動を完全に封鎖する。竪堀の間には竪堀を掘ったときに生じた土を盛り上げ土塁とし、竪堀間を遮断している。この土塁と堀の連続する姿が田畑の畝のようであることより畝状竪堀群と呼んでいる。

この畝状竪堀群は現在青森県から熊本県までほぼ全国的に分布することが判明しているが、近江では小谷城月所丸、上平寺城、鎌刃城、朝宮城そして清水山城の五カ所で確認されているに過ぎない。

このなかで小谷城月所丸は元亀三年（一五七二）に朝倉義景《あさくらよしかげ》によって増築された可能性が高いこと、上平寺城は『信長公記』に「去程に、浅井備前越前衆を呼越し、たけくらべ、かりやす両所に要害を構え侯」（元亀元年〈一五七〇〉六月二八日条）とある苅安要害であり、いずれも朝倉氏と強い関係のあったことがうかがえる。また、鎌刃城も元亀元年（一五七〇）までは浅井氏方に属しており、その段階で越前との関係を指摘することができる。

図２　畝状竪堀群

　越前は一乗谷の山城にみられるように畝状竪堀群を多用する地域であり、朝倉氏が近江の畝状竪堀群を構える山城築城に関わっていた可能性は大である。

　清水山城で越前との関係を考えると、元亀元年（一五七〇）の志賀の陣が考えられよう。元亀元年六月の姉川合戦から三カ月余り後の九月に朝倉・浅井軍は湖北から湖西へ南下し、滋賀郡に攻め入る。このとき宇佐山《うさやま》城を守備していた織田軍の森《もり》可成《よしなり》は討死し、城は落城寸前に陥る。しかし、信長本隊の進出により朝倉・浅井軍は比叡山に撤兵する。この戦いを志賀の陣というが、清水山城側は朝倉・浅井軍に与し、畝状竪堀群はその時に越前朝倉氏によって改修された可能性がある。

　また、『信長公記』元亀四年（一五七三）七月二六日条には「信長公御下り、直に江州高嶋表彼大船を以て御参陣。陸は御敵城木戸・田中両城へ取懸け攻められ、海手は大船を推付け、信長公御馬廻を以てせめさせらるべき処、降参申し罷退く。則、木戸・田中両城明智十兵衛に下さる」とあり、信長が高島郡を攻撃したことが記されている。ここに記された木戸城こそが清水山城を指していると考えられており、このときに畝状竪堀群が増築された可能性も考えられる。

清水山城の本丸では発掘調査が実施されており、曲輪の北西隅部から五間×六間の礎石建物跡が検出された。建物跡の構造は三面に庇《ひさし》が廻り落縁《おちえん》となり、広縁、次の間、上段間、床、棚、納戸、遠侍などから構成され、北西部には台所も構えられていた。瓦は出土しておらず、屋根については板葺きもしくは柿葺《こけらぶ》きであったと思われる。

ところで戦国時代の山城は二元的構造と紹介したが、清水山城では山上で御殿が検出されたわけである。実は戦国時代後半の大名クラスの山城では最近の発掘調査の結果、礎石建物跡が検出される事例が増えている。

例えば芥川山《あくたがわさん》城（大阪府高槻市）の本丸からは東西四・五間、南北三間以上の三面庇が廻り、四室で構成される礎石建物が検出されている。床受けの束石が北西の部屋では認められないことよりこの一室は土間で、他の部屋は床張りの部屋とみられる。この構造は清水山城で検出された礎石建物と同様であり、戦国時代の山城の本丸に構えられた礎石建物に共通する構造とみられる。芥川山城は天文二二年（一五五三）より永禄三年（一五六〇）まで三好長慶《みよしながよし》が居城としていた山城である。

小谷城では山頂部の大広間と呼ばれる曲輪より巨大な礎石建物が検出された。ここからは三万七二九七点におよぶ陶磁器類が出土しており、大広間は恒常的な居住施設であったことがうかがえる。

観音寺城でも本丸、平井丸、池田丸と呼ばれる主要な曲輪群から礎石建物が検出されている。

こうした巨大な山城では国レベルの総力戦に対処するため大名は家族を最初から山城に住まわせて安全を保障したようである。一方で公的行事は旧来の山麓居館でおこなうため二元的構造を残したまま、山城に居住空間を構えたものと考えられる。

宣教師ルイス・フロイスは『日本史』のなかで岐阜城を訪ねたときの

ことを記しているが、誰も登ることの許されなかった山上に招かれたが、そこでは信長の奥方と子息のみが彼に仕えていたと記している。山上の建物には女性や子どもたちが住んでいたのである。清水山城でも山上の御殿には女性や子どもたちが住んでいたのであろう。

本丸の南西方向に伸びる尾根筋には小曲輪が階段状に構えられ、特にⅡ郭の南辺には土塁が巡らされている。その南面には巨大な堀切が設けられ、南外方にはⅢ郭が構えられ、曲輪の外側には二条の堀切が切られている。一方、清水寺跡へ通じる南東への尾根筋に対しては小曲輪と堀切が設けられている。とりわけⅣ郭では発掘調査によって礎石建物が検出されており、ここにも居住施設の構えられていたことが判明している。

主要部の北面には深い谷が入り込み、その対岸の山頂部に構えられているのが北出曲輪群である。主要部との間の谷は人工的に深く掘り込み、堀切としている。この北出曲輪群は東西に六カ所の曲輪を連続して配置する構造で、曲輪の北面には土塁を構えており、この出曲輪群が北方に対しての防御施設であったことを示している。

北出曲輪群の北方尾根筋を遮断する堀切は、堀底から両側斜面に竪堀を落とすという複雑な構造で、さらに堀切より西南斜面には畝状竪堀群が構えられている。城域は一応この巨大な堀切によって区切っているが、さらに北方へ伸びる尾根筋に巨大な堀切を構え、これが城郭の北限で、それより北方には城郭遺構は認められない。

清水山屋敷地

清水山城の南方山腹には清水寺、清水山屋敷地が位置している。清水寺の本堂跡を中心にその下方に西屋敷、地蔵谷を隔てて東側に東屋敷が位置している。注目されるのは西屋敷地群の中央を南北に縦貫する道路である。一見すると巨大な空堀のように見えるが、これは幅約一〇mにおよぶ中軸道路である。道路の両側には階段状に方形区画された屋敷が構えられている。ここには「ショウ

図3　大手道（旧参道）

モンヤマ（小門山か）」、「オオテ（大手）」、「ダイモン（大門）」の通称地名が残されている。道路の北方延長線上に清水寺の本堂跡が位置していることより、この道路が清水寺への参詣道であり、両側の区画は坊院跡と考えられる。清水寺衰退後に山城を構えた佐々木越中氏が、坊院跡を家臣団屋敷として再利用したようである。

山麓居館

清水山城では山城と中腹の屋敷群だけではなく、さらに屋敷地群の一段下方の東南部平地に「御屋敷」、「犬ノ馬場」という地名が残されている。明治六年（一八七三）に作成された「安養寺村地券取調総絵図」には一町四方で周囲に帯状の地割を伴う方形区画が描かれている。これは土塁、もしくは堀を巡らせた方形居館の存在したことを見事に示している。方一町規模は守護所と呼ばれる守護の居館と同規模であり、ここそが佐々木越中氏の居館のあった所と見てまちがいないだろう。また、犬ノ馬場とは中世武士たちの鍛錬として盛んにおこなわれた犬追物に由来するものである。

本堂谷遺跡（井ノ口館）

清水山の西南山麓には大荒比古《おおあらひこ》神社が鎮座している。祭神は佐々木氏の氏神である少名彦命《すくなひこのみこと》、仁徳天皇、宇多天皇、敦実《あつざね》親王で、佐々木高信がこの地に勧請したと伝えられる。この神社の東側に本堂谷遺跡と呼ばれる土塁と堀を方形に区画する戦国時代の遺跡がある。ここには大宝寺《たいほうじ》という通称地名が残され、長保年間（九九九～一〇〇四）に法求という僧により大法山花山寺が建立されたという。

遺跡の構造は二重の堀と土塁によって防御された内側に方形区画された屋敷地が二〇カ所ほど構えられている。最奥部の方形区画が大宝寺の本堂跡地と考えられている。また、遺跡内には「エンショウクラ（焔硝蔵）」、「ジョウロウグチ（上臈口）」や「オヤシキ（御屋敷）」という通称地名が残る。「エンショウクラ」は清水山城に関わる地名と見られ、「ジョウロウグチ」の上臈は身分の高い僧侶のことで大宝寺の僧侶を示すものと考えられる。また、「オヤシキ」は方形に区画された空間が屋敷であったことを示している。戦国時代に大宝寺の坊跡を屋敷として再利用した可能性が考えられる。そのため本堂谷遺跡は井ノ口館跡とも呼ばれている。

城下町

これまで見てきたように清水山城は巨大な中世城館跡であるが、さらに注目したいのが城下町である。ここでは明治六年（一八七三）に作成された地籍図を検討することにより城下町の構造を探ってみたい。

まず注目したいのは街道である。琵琶湖の西岸には北国海道と呼ばれる北陸と都を結ぶ重要な幹線道路が清水山城の東山麓を南北に縦貫している。地籍図では街道の両側に方一町の方形区画が連続して描かれており、小字に「五反田」、「七反田」などが認められ、この区画が条里を示すものであることがわかる。

ところが清水山の山麓の北側より今市《いまいち》、平井《ひらい》、安養寺《あんようじ》、川原市《かわはらいち》では街道に面して短冊型に地割された民家が集中している。今市と川原市はその名の通り、市町が立てられていた場所と考えられる。平井では町屋が街道に面するだけでなく、やや東西に広がりを持っている。ここが武家町と考えられる。もちろん重臣たちの屋敷は山腹の屋敷群や山麓に存在しており、平井には下級武士たちが集住していたようである。平井から西側に伸びる道路こそが大手道であり、そのため街道からの分岐点にあたる場所には下級武士たちが防御にあたっていたものと見られる。

さらに北国海道そのものの構造を見ると、北側の今市で街道はコの字状に屈曲し、南側の川原市では東側へ直角に折れ曲がっている。おそらく今市が北面の、川原市が南面の防御の最前線を担っており、敵の直進を阻むために街路を屈曲させていたのは明らかである。

天下統一へ

このように清水山城は規模、構造ともに一国の守護クラスの山城であった。それは近江の戦国時代の城郭構造の大きな特徴といえよう。鎌倉時代以降、佐々木六角氏が近江守護となる。特に京都に幕府を開いた室町幕府にとって隣国近江は重要な位置を占めている。その近江の守護権力が強大とならぬよう、分家に対しても厚遇したのである。京極氏は飛騨、出雲、隠岐守護となり、六角氏を牽制する。同様に西近江においても高島氏が奉公衆として室町将軍家の親衛隊となっている。こうした関係から近江では守護の居城に匹敵するような上平寺城や清水山城が築かれたのである。

元亀四年（一五七三）織田信長は高島一郡をかつて浅井長政の家臣であった磯野員昌《いそのかずまさ》に与える。員昌は新庄城を新たな居城として築き、他の城郭はすべて廃城にする。清水山城を頂点として高島郡内には田中城、永田城、船木城、田屋城、伊井城、日爪城、打下城《うちおろし》などの城郭が構えられていたが、員昌の新庄築城により郡内の城郭はひとつに収斂されていく。それは戦国時代から天下統一の時代へと変わっていくことを端的に示している。

参考文献

・新旭町教育委員会『清水山城遺跡発掘調査報告書』（二〇〇一年）
・高島市教育委員会『清水山城館跡現況調査報告書』（二〇〇六年）
・中井均編『近江の山城を歩く』（サンライズ出版、二〇一九年）

写真：すべて筆者撮影

5 戦う中世村落
―近江国菅浦を歩く―

高木純一
Junichi Takaki

「惣村」の典型

近江国菅浦は、琵琶湖の北端、葛《つ》籠《づら》尾《お》崎《ざき》半島に所在した中世村落である。現在の滋賀県長浜市西浅井町菅浦にあたる。標高四〇〇m程の山地に囲まれた、狭い扇状地に立地している。

非常に小さな村だが、じつはこの菅浦こそ、研究上もっとも著名な中世村落であると言って過言ではない。その理由は何よりも、この村の人々が中世以来残してきた村落共有文書、『菅浦文書《すがうらもんじょ》』の存在にある。これによって、中世の村やそこに暮らす人々の実態を詳しく知ることができる。有力寺社や大名家でもないこの小さな村に、一〇〇〇点以上もの中世文書が残されているのは希有のことである。

教科書にも必ず登場する中世の自治的村落「惣村《そうそん》」は、この菅浦をもって典型とされることが多い。本稿では『菅浦文書』をもとに、中世菅浦の世界を旅してみたい。

支配関係・村落構造・生業

『菅浦文書』最古の文書は貞応二年（一二二三）の御厨子所《みずしどころ》目代下文である。同文書は「近江国菅浦供御《くご》人《にん》等」に対して下されており、また「代々御厨子所御下文の状に任せ」ともあることから、これ以前から同村の住民は御厨子所供御人、すなわち天皇のための飲食物を朝廷に納入する役割を担っていたと考えられる。その後、永仁四年（一二九六）には「蔵人所供御人」とされており、朝廷内の両部署で、菅浦供御人の所属をめぐる争いがあったことも推測されている。一方で菅浦は、半島の目と鼻の先、湖上の竹生島弁財天の所領でもあった。その竹生島は延暦寺檀那院の末寺であったため、菅浦は檀那院を「本家」、竹生島を「領家」と仰ぐこととなった。さらに檀那院を管轄していた梶井門跡も支配に関与するようになっており、延暦寺の鎮守山王七社のうち八王子社・二宮権現の神人にもなっている。その後も室町期には新たに公家日野裏松家と支配関係を結び、湖北の土豪を経て戦国大名浅井氏の支配下に入る。

　このように、菅浦は複数の重層的な支配関係、その変転のなかに存在していた。こうした関係は菅浦側の働きかけによって生じた可能性が高い。後述するように、それは隣村などとの紛争に備えたコネクション形成だったのである。

　つぎに菅浦の村落構造を見ておこう。正安四年（一三〇二）、菅浦の住民たちは在家別に一貫文（現在の一〇～二〇万円）ずつという体裁で、言わば村ぐるみの借銭をしている。貸主は史料上「古老」と呼ばれる菅浦の有力住人たちであった。この資金は当時行われていた隣村大浦との相論の訴訟費用に充てられたと思われる。その法廷に提出された大浦の主張において、菅浦が「しんか《新加》のくご《供御》人」を立て、領主の召喚にも応じていないとされていることは注目される。このことは他の史料でも裏付けられ、鎌倉後期の菅浦では本供御人（もともとの供御人）と新加供御人（後から加わった供御人）という身分差が存在したことがわかる。このうち前者の身分を有していたのが古老たちであったと考えられる。この時点での菅浦は古老―一般住人という二層構造であった。

　しかし、こうした階層差はまもなく解消されていく。すなわち建武二年（一三三五）に菅浦住民は供御人として在家七二字が麦・大豆・ビワ・コイを毎年納入することを改めて誓約している。この在家数は当時の全在家数とほぼ一致することから、ここでは本供御人・新加供御人という身分差が消失し、菅浦の住民全員が等しく供御人として認められていることになる。現実の格差そのものがただちに消失するわけではないが、これによって菅浦は階層差のないフラットな共同体への道を歩むこととなった。

　このような変化の萌芽はすでに、先に見た訴訟費用調達のための借銭が、在家一宇ごとの均等負担となっている点に見出せる。現実には古老層の立替によって調達されたとはいえ、身分差・階層差を問わず住民全員が均等に負担しているのであり、階層差の消失はこうした村の姿勢の帰結であった。

　その後、貞和二年（一三四六）には村の自治組織を示す「惣」の語とともに日指《ひさし》・諸河《もろかわ》の田地の永代売りを禁じる村掟が確認できる。さらに室町期に入った応永年間には菅浦惣の代表者組織である「乙名《おとな》」の語が文書に登場するようになる。まもなく乙名の定員は二〇人に定められるが、年によってそのメンバーの変遷は大きく、特定の家格や身分から選ばれたとは思われない。基本的には全在家から年齢階梯に基づいて選出されるのであり、ここにも階層差のない村落としての菅浦の特長が見出せる。

　後述する村落景観とも関係するが、菅浦はその内部において、さらに東西二つの小村に分かれていた。一六世紀半ばの天文年間に、菅浦は船の徴発について戦国大名浅井氏に対して契約状を提出している。そこには村の代表として「おとな二人・中老二人・若衆二人」が署判しており、東西各村から各階層一名ずつが署名している。乙名は組織としては東西の別がなく、菅浦全体の執行陣である。これに対し、中老は東村・西村でそれぞれ分かれており、村落内部における東西の地縁共同体を代表するサブシステムの役割を果たしていた。なお、若衆の東西の別についてはよくわからない。

　つぎに菅浦の生業について見ておこう。その立地条件から、菅浦はともすれば漁村としてイメージされがちであったが、近年ではそうした認識は塗り替えられつつある。

建武二年に菅浦住民が等しく「供御人」となったことは先述したが、その契約文書には、菅浦は「田畠少なきにより、専ら湖上の漁にて渡世」とする村であり、「堅田浦漁人等、ややもすれば違乱を致すのあいだ、彼の煩いを断絶せんがため」に供御人となったと述べている。しかし、同じ文書で村内の「漁人」は在家七二宇のうち五宇ともされており、存外に少ない。漁業が主要産業であるとする菅浦の主張を鵜呑みにすることはできない。

ここで登場している堅田は強力な特権を持つ琵琶湖有数の漁村として知られた存在であり、室町期には実際に堅田とのあいだで漁業をめぐる相論が起こっている。すなわち、「この浦十八丁のうち」は菅浦の漁場であるにもかかわらず、堅田漁師が夜な夜な漁を行い、さらには白昼堂々と網を打つようになったために、怒った菅浦の若衆たちが堅田の網を差し押さえたという。菅浦の漁場は、集落から湖水面に向けて一八町＝二㎞ほどの範囲であったとすれば、菅浦集落の所在する入江から出るかどうかという狭い範囲でしかなかったことになる。

琵琶湖は一〇〇mに及ぶ水深を持ち、菅浦前の入江も、岸から一〇mも離れれば水深三〇mに達する。こうした深い水域では、当時琵琶湖で一般的だった地引網や定置網は使うことができず、小糸網や延縄漁といった独自の漁法を有する堅田だけが漁を行い得たことが明らかにされている。

菅浦が容易に手を出せない深い水域の魚を、堅田は菅浦の目と鼻の先で獲っていたのであり、これが菅浦に対する挑発行為と映ったことは容易に想像にできるだろう。以上のことから、菅浦の漁業はかなり限定的なものであったと考えられる。

後述するように、山がちな半島の先端部に所在する菅浦では、まとまった田地は確保できない。したがって、漁業だけでなく稲作もまた限定的なものであったと推測される。それらに替わって生業の主軸を成したのは、山畠における多様な商品作物の生産であった。

先述した建武二年の供御人契約文

書もあったように、供御役として毎年（室町期には隔年）ビワ二籠が内蔵頭山科家を通じて朝廷に献上されている。このほか山門花王院に対してはコウジ（在来ミカンの一種）が納められている。これらは近隣村落との贈答にも用いられており、言わば菅浦の名産品であった。さらに、菅浦の贈答に対する返礼品のなかには、アユ・フナ・ウグイなど琵琶湖の魚が確認でき、菅浦がそれらを自力で確保し得る漁村ではないと認識されていたことが裏付けられる。

　これらに加えて研究上注目されているのは、一六世紀半ばから確認できる油実《あぶらみ》の生産である。油実は中国原産のアブラギリの種子で、絞って油を採る。灯油や塗料に用いられた。とくに戦国大名浅井氏とのあいだで取引されており、近年では油実生産のために浅井氏から融資を受けていたことも推測されている。このほか綿の生産も確認でき、こちらは主に竹生島とのあいだで取引されている。

　以上のように、菅浦は眼前の琵琶湖の豊かな水産資源にはアクセスすることができず、まとまった田地も持たなかった。そうしたなかで菅浦は、山畠における多様な商品作物の生産に活路を見出したのである。現在ではそうした生業の痕跡はほとんど失われているため、現況から受けるイメージと歴史的景観とのギャップには注意を払う必要がある。

戦う村、身構える村

文安六年（宝徳元・一四四九）の菅浦惣庄置書は、同二年に起きた大浦との村落間相論の経過を菅浦の村民たちが自ら書き残したもので、後世の村人に対する教訓のために作成された。中世の村落間紛争の実態を当事者の視点から詳細に知ることができるという点で、日本中世史上でもきわめて貴重な史料である。以下、菅浦の記録するところを追ってみよう。

　文安二年三月、大浦から書状が届き、今後菅浦住民の「大浦山」への立ち入りを禁じるという通告があった。対抗措置として、菅浦は日指・諸河への大浦住民の立ち入りを禁止し、六月八日には侵入してきた大浦住民から鎌を取り上げた。同日、大浦はこれへの報復として菅浦住民の船を差し押さえた。そこで近隣の海津西浜の乙名たちが「中人」（仲裁者）となり、鎌と船を交換することでひとまず手打ちとなった。

薪炭などを採取する入会山をめぐる相論であることがわかるが、ここには道具の差し押さえと「中人」による調停という中世の村落間紛争の慣習が典型的に現れている。権益が犯されたからといって即座に暴力を行使したわけではなく、穏便にことを済ませる慣習があったのである。

「大浦山」は未詳であるが、日指・諸河とは、葛籠尾崎半島の付け根にある二つの谷を指す。ここには小規模ながら田地が広がっており、大浦と菅浦とはこれをめぐって鎌倉期以来、じつに二世紀にわたって争っていたことが知られている。とくに周囲を山に囲まれた菅浦にとっては唯一のまとまった田地であり、きわめて重要な土地であった。ここでの記述から、入会山としての同地の利用については大浦にも許されていたことがわかるが、相論の背景に田地の帰属をめぐる対立があったことは想像に難くない。

その後、「堅田辻殿」や「西野中北方」の「柳野中峯殿の聟」といった琵琶湖畔の有力者が両村の調停に乗り出し、元通りにお互いの山を相互利用することが定められた。これで一件落着かとも思われたが、七月二日に菅浦の若衆が大浦山に入ったところ、大浦から攻撃を受けた。結局「中人」による仲裁では事態は収まらず、武力行使の応酬がはじまったのである。

七月四日、さらに大浦は海津東浜・堅田などの援軍とともに菅浦を攻撃した。大浦は船で海上を封鎖したうえで集落後背の山から攻め寄せるという作戦を採った。菅浦は菅浦勢とわずかな援軍だけでこれを迎え撃った。小屋二軒と村の大門（後述）が焼失したものの、菅浦勢にはほとんど被害はなく、撤退する敵勢を追撃し、菅浦大明神（現在の須賀神社）付近で多数の敵勢を討ち取ったという。

七月一〇日、菅浦は報復のため

に、塩津・海津西浜などの援軍を引率して大浦を襲撃した。三方面から攻め込み所々を放火したが、大浦の中心部とみられる船寄せの守りを打ち破れず撤退した。

中世村落と聞くと、なにか牧歌的なイメージか、あるいは武器を持たず武士に守ってもらうしかない、か弱いイメージを抱くかもしれない。しかし、ここで見たように、当時の村は互いに連合し、戦国大名と見まがうような大規模な合戦を繰り広げ、たくましく自分たちの生活の場を守っていたのである。

大規模な軍事衝突を経て、相論は次の段階に移行する。当時両村の領主であった日野裏松家の法廷において裁判が行われることとなったのである。これもまた中世村落にとって重要な〝戦い〟であった。

日野家の法廷では、なんらかのコネによって相国寺常徳院の後押しを得た大浦に勝訴判決が下った。菅浦も領主山科家の助力を仰いだが、力及ばなかった。しかし菅浦はこれで諦めなかった。翌年五月になると、山門を通じて室町幕府の法廷へ提訴したのである。幕府法廷では菅浦や大浦のような村・百姓は提訴権を持ち得なかったため、形式上は菅浦領主山門と大浦領主日野家(+常徳院)との裁判となった。大浦側は有効な証拠文書を提出できず、日野家・常徳院が裁判を棄権するというかたちで菅浦の逆転勝訴となった。以降、菅浦による日指・諸河の領有は安定することとなる。

以上のように、複数の法廷が存在する—つまり一度敗訴しても別の法廷で逆転勝訴があり得る—という中世特有のあり方のなかで、菅浦が二重三重に取り結んでいた領主との支配関係が活きてくるのである。菅浦が有した複数の支配関係や、のちに『菅浦文書』として伝来する文書の集積・保存は、こうした紛争時の訴訟に備え、紛争解決を有利に導くための〝身構え〟だったことがわかるだろう。

以上の経緯を記した置書は、①今後もしまた大浦を襲撃することがあれば、三面攻勢ではなく二方面から攻撃を加え、敵を一方に追い出すようにしたほうがよいという戦術的な教訓、②「七・八十の老共も弓矢を取り、女性達も水をくみ、たてをかつぐ事なり」と、戦時にあっては老若男女を問わず村人全員が一致団結して協力すべきである、という心構えの面での教訓、③一連の紛争では、訴訟費用二〇〇貫文、兵粮五〇石、酒直《さかじき》（諸方面への謝礼）五〇貫文という膨大な米銭が費やされ、その結果村は大変困窮したという支出の記録で締めくくられている。これは多額の出費に見合うのでなければむやみに争うべきではないという費用対効果の教訓と言えようか。いずれをとっても、この置書はまさに後世の村人のための教訓の書なのであった。

中世菅浦を歩く

菅浦には現在でも中世の景観がよく残されており、フィールドワークによって実感をもって中世「惣村」の姿を知ることができる。コンパクトな集落だが、見どころは盛りだくさんである。以下では史料から読み取れる村の景観を現地に落とし込みながら、中世菅浦を歩いてみたい。

菅浦集落の入口に降り立つと、村の入口を示す西の**「四足門」（1）**が出迎えてくれる。ヨシ葺き、切妻屋根の薬医門である。現在は東西の二カ所にあるが、かつては四カ所あった。残りの二カ所は須賀神社へとつながっている集落北部の二本の道にあったと推定されている。

現存の門にはいずれも扉はなく、あくまで象徴的に集落空間を区画している。しかし、先にふれた文安二年（一四四五）の大浦との大規模な合戦においては、敵勢によって「大門のきと《（木戸）》に火をかくる」とある。ここから当時は門扉が存在し、村を守る物理的な防御施設としても機能していた様子がうかがえる。

菅浦西村のメインストリートを進んでいくと、公民館前の交差点に行き当たる。東村の主軸道路との結節部にあたる要地であり、公民館が立つ敷地には、明治八年（一八七五）に廃寺となるまでは**長福寺（2）**があった。同寺の初出は応永三二（一四二五）年の寄進状で、「本願旦那桂岩妙中大姉」らによって、田畠・

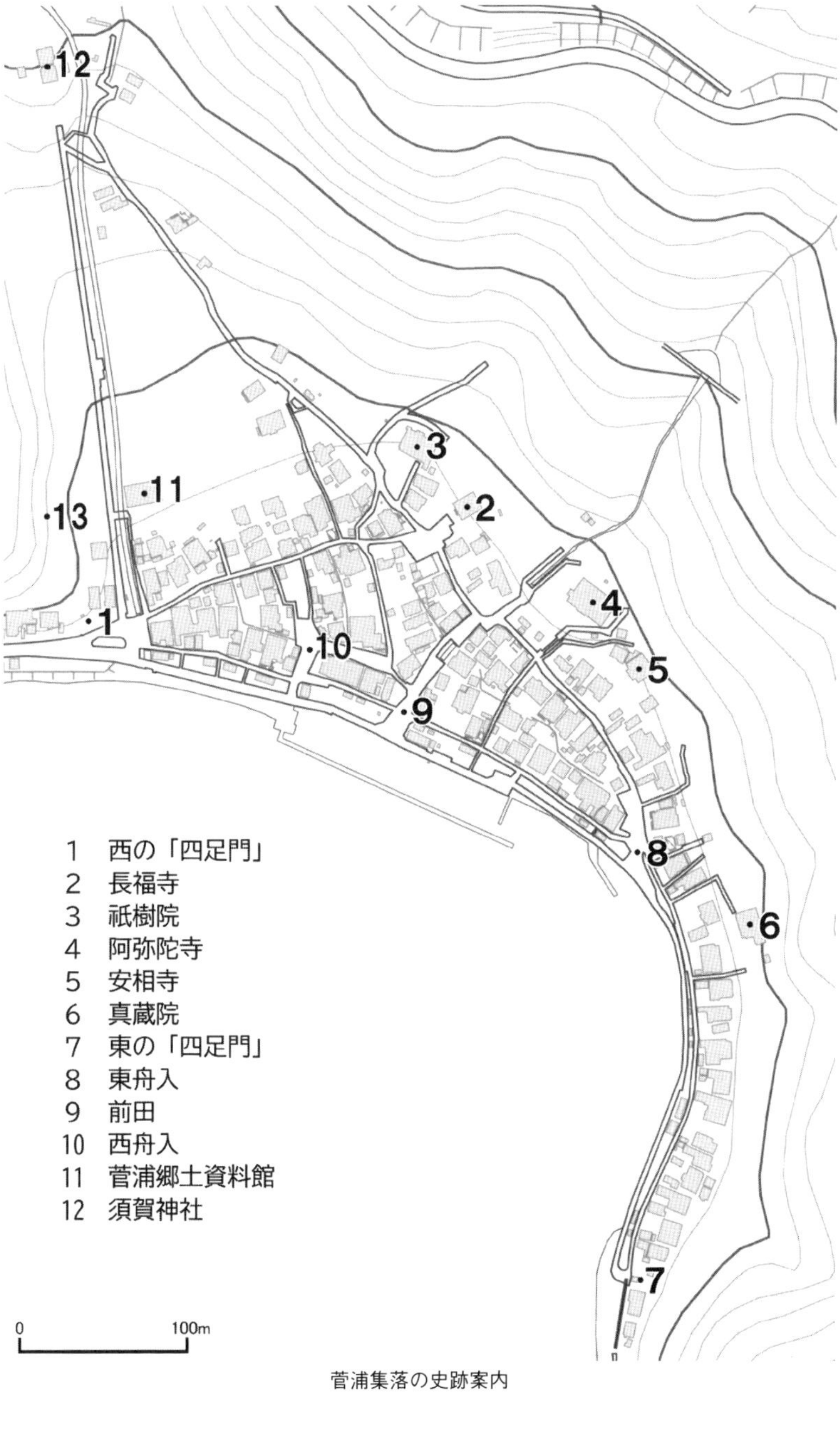
12
3
11
2
13
4
1
10
5
9
8
6
7
1　西の「四足門」
2　長福寺
3　祇樹院
4　阿弥陀寺
5　安相寺
6　真蔵院
7　東の「四足門」
8　東舟入
9　前田
10　西舟入
11　菅浦郷土資料館
12　須賀神社
0
100m

菅浦集落の史跡案内

茶園・屋敷地・松山、さらには「柑《こう》子《じ》の木」などが「菅浦惣庄」に対して寄進されている。「菅浦惣庄」には「大明神・八王子大堂長福寺、則ち如法経道場」と注記が付されており、一連の物件は菅浦惣が管理する長福寺に寄進されたものであることがわかる。同寺は菅浦惣が管理する言わば惣寺であった。「大明神・八王子」とは後述の菅浦大明神（須賀神社）・八王子社（小林神社）を指し、長福寺はその本地堂・神宮寺と位置づけられている。

　同寺が「如法経道場」とも呼称されていることも注目される。「如法経」とは読んで字の如く、一定の法式に則って経文を書写することであり、多くは法華経の書写を意味した。近江国では如法経信仰が盛んであったことが知られるが、菅浦では長福寺がその道場となっていたのである。こうした動向の背景には竹生島の関与があったとされ、若輩の僧侶が毎年交替で滞在し、法華経を書写して村人の供養を行っていた。

　長福寺跡のすぐ西隣には**祇樹院**《ぎじゅいん》（3）がある。応永三〇年（一四二三）の売券に「祇樹庵」として現れる。売券では妙仲が「一家一族の異見」を受けて祇樹庵領の林を菅浦惣に対して売り渡している。ここから祇樹庵が妙仲一族によって管理運営される寺庵であることがわかる。この妙仲は、先述した長福寺に土地などを寄進していた「桂岩妙中大姉」と同一人物ではないかと思われる。村内に多く存在した住民の隠居庵の典型である。祇樹院の前には「四足門」の跡とされる石積もある。

　長福寺跡前の交差点を東に進むと**阿弥陀寺**（4）がある。史料上の初出は一五世紀後半の文明期まで下るが、近世に阿弥陀寺二三世宅円の著した『日鑑』によれば文和二年（一三五三）の創建とされている。実際、同寺の本尊は鎌倉期の作とされており、宅円の主張を裏付けている。

　阿弥陀寺には鎌倉末期から南北朝期にかけて村人によって調達された大般若経五九七巻が所蔵されている。元亨元年（一三二一）に版本二〇〇巻が「菅浦村人等」によって迎え入れられ、残りの四〇〇巻（現在は欠巻あり）は、海津や竹生島の僧侶によって元徳二年（一三三〇）から一〇年以上をかけて書写された。村の安穏を祈るための重要な惣有財産であり、阿弥陀寺は先述の長福寺と並ぶ惣寺であったと言える。

徳治三年（一三〇八）の某国秀寄進状では、「政所林壱所」が「当所御堂阿弥陀観音」に寄進されている。割注の「阿弥陀」とは阿弥陀寺本尊、「観音」とは長福寺本尊と考えられ、当初、長福寺・阿弥陀寺は一体の寺院であった可能性がある。まもなく分化した両寺それぞれが東村・西村に対応していると考えるのが自然であるが、他方で長福寺が明治期に廃寺とされたことからもわかるように、近世には阿弥陀寺のほうに惣寺としての比重が移ったようである。

阿弥陀寺前の道は東村のメインストリートにあたる。道に面して立ち並ぶ住宅の背後には、中世段階では多くの寺庵が林立していた。現存しているのは**安相寺**（5）と**真蔵院**（6）のみである。

安相寺は文明一一年（一四七九）、本願寺第八世蓮如の法弟教円による創建と伝わるが未詳である。しかし同寺に伝わる方便法身尊像の裏書には本願時代一〇世証如が天文五年（一五三六）に「菅浦惣道場」に与えたものとあり、戦国期まで遡ることは間違いないようである。織田信長の攻撃によって小谷城が落城した際、自刃した城主浅井長政の子をかくまったという伝説があり、門前には「浅井長政由緒寺」の碑が立つ。

真蔵院については、慶長七年（一六〇二）の検地帳に「真蔵坊」が見える。同寺には中世の仏画も残るが、中世段階の詳しいことはわからない。一段高い斜面を削平《さくへい》して建てられており、遠くから集落を見た際にひときわ目立つ建物である。この真蔵坊同様、基本的に寺庵はすべて村の周縁部にあたる山際に建てられており、四方の「四足門」とともに結界的な意味も込められていたと思われる。

真蔵院を通り過ぎ、浜沿いに並ぶ屋敷を左手に見ながら進むと、東の「**四足門**」（7）に行き着く。ここで後を振り返ると、菅浦集落の全容を視界に納めることができる。

さて、景色を堪能したら来た道を

引き返そう。すると、さきほど通過した東村の主軸道路と琵琶湖沿いの浜通りとの分岐点に行き着く。かつてはここまで湖水が流入しており、「**東舟入**」（**8**）と呼ばれる船溜まりが存在していた。集落中央にコンクリート築堤の新たな船溜まりが建設されたため、一九八〇年代に埋め立てられた。

東舟入跡を通過して浜道を進むと、湖に向かって村を大きく二分する道が現れる。中世当時、この辺りには「**前田**」（**9**）と呼ばれる田地が存在していた。興味深いことに、菅浦集落の中央には田地が広がっていたのである。前田は東村と西村の境界でもあった。「前田」とは長福寺・阿弥陀寺門前の田の意であると思われる。四反ほどと狭小で、収穫も安定しないものだったようだが、先述の日指・諸河のほかにまとまった田地を持たない菅浦にとっては貴重なものであった。しかし近世に入ると宅地化されてしまい消滅する。

前田跡を横切って進むと、まもなく右手に広場が見えてくる。ここには先の東舟入と対になる「**西舟入**」（**10**）があった。東西の舟入は東村・西村が各々利用・管理した。

西舟入跡をあとにして引き続き浜通りを行けば、村の入口に戻ってくる。最後に鳥居をくぐり、**菅浦郷土史料館**（**11**）と**須賀神社**（**12**）を見学しよう。

須賀神社は中世以来存在した保良神社（菅浦大明神）・小林神社（八王子社）・赤崎神社が明治四二年（一九〇九）に合祀されたもの。旧保良神社跡に立地する。小林神社は須賀神社参道の途中に存在した。二ノ鳥居から参道をはずれ、山道を登ると跡地に石碑が立っている（**13**）。赤崎神社は集落から離れた大浦との境界に所在していた。現在跡地には小さな祠がある。いずれも村の重要施設として、著名な菅浦与大浦下庄絵図にも描かれている。

近世には赤崎神社が菅浦の総氏神とされ、村人が持ち回りで神主を務めることとなっていた。また、東村が保良神社、西村が小林神社をそれぞれ祀っていた。

菅浦郷土史料館には主に須賀神社の宝物類が収蔵されており、中世のものとしては正応三年（一二九〇）・同五年・応永一七年（一四一〇）の鰐口と嘉禄三年（一二二七）の銅鏡などがある。同館の見学には予約が必要なので要注意。

以上で菅浦の集落を一通り見学したことになる。中世村落の往時の姿を実感していただけただろうか。

村の景観の価値

菅浦のように文書としては残っていないかもしれないが、中世においては、ほかにも無数の村落が、菅浦と同じように自分たちの生活を守るための試行錯誤を繰り返していた。その帰結として、「惣村」と呼ばれる強固な共同体が各地で成立したのであり、いわゆる「村社会」としての日本社会の骨格は、この中世村落の運動に淵源がある。

中世村落の史跡というと、城郭や神社仏閣と較べて地味な印象を受けるかもしれない。しかし、一見なんということもない村の景観のうちには、その村が歩んできた試行錯誤の歴史が刻み込まれているのであり、それらに勝るとも劣らない歴史的価値が秘められているのである。

参考文献

・蔵持重裕『中世　村の歴史語り』（吉川弘文館、二〇〇二年）
・長浜市長浜城歴史博物館『菅浦文書が語る民衆の歴史—日本中世の村落社会—』（サンライズ出版、二〇一四年）
・長浜市文化財保護センター編『菅浦の湖岸集落景観保存活用計画報告書』（滋賀県長浜市教育委員会、二〇一四年）

6　観光地としての竹生島
―一〇〇年前の「竹生島詣」―

櫻井悟史
Satoshi Sakurai

竹生島《ちくぶしま》へ

　JR長浜駅の西口から一〇分ほど歩くと、急に視界が開けて巨大な湖が姿を現す。琵琶湖である。はじめて琵琶湖を見た人は、とまどいを覚えるかもしれない。海のように見えるのに、磯の香りが全くしないからだ。国土交通省による令和二年（二〇二〇）七月一日時点の「全国都道府県市区町村別面積調」によれば、琵琶湖の面積は六六九・二六km²。認識が揺らぐほどの大きさを誇る、日本最大の湖である。この琵琶湖に浮かぶ島の一つが、竹生島である。

　竹生島には船で渡る。琵琶湖には、いくつか港があって、大津港、彦根港、今津港などからも竹生島に行くことができる。今回は、長浜港から向かうことにした。琵琶湖汽船が用意している竹生島クルーズは、大人料金で三一三〇円である（二〇二〇年八月現在の料金。以下同様）。

　私が訪れたのは令和二年（二〇二〇）八月一二日、COVID-19が世界的に猛威をふるっており、終息の兆しも全く見えない時期であった。竹生島は、売店や食事処があるものの、基本的には無人島である。そのため、島にウイルスを持ち込むことよりも、船内で感染することへの不安の方が大きかった。長浜港では、手首をかざして検温するタイプの機械や、手指を消毒するためのエタノールが設置されていたほか、マスクの着用の義務化、ソーシャルディスタンスの確保などの対策が徹底されており、船の上では、船室の扉を開放するなど、換気にも注意が払われていた。

　こうした状況下であったため、観光客もほとんどいないのではないかと思っていたが、船の定員の半分ほどは満たされていた。しかし、島の売店の人の話によれば、例年と比べるとやはり圧倒的に少ないという。

竹生島の全景

　船に三〇分ほど揺られると、瓢箪を横倒しにしたような島が見えてくる。竹生島だ。島の大半は緑に覆われ、その間から瓦葺きの屋根がちらほらと顔をのぞかせている。琵琶湖八景の一つ「深緑竹生島の沈影」の名のとおり、琵琶湖の青と島の緑のコントラストが美しい。島に降り立って、売店を抜け、入り口で拝観料五〇〇円を支払うと、いよいよ島の中に入っていくことになる。
　しかし、考えてみると不思議である。今でこそ技術が発達して竹生島に渡ることも容易になったが、かつては、ここまで来るのも一苦労だったはずだ。それにもかかわらず、昔から大勢の人が竹生島に足を運んでいた。一体、なぜ人は竹生島を訪れるのか。この問いについて、ここでは一〇〇年前と現在を観光という視点から比較しつつ、考察したい。

物語が折り重なる聖地

　民俗学者の柳田国男と沖縄史研究で知られる比嘉《ひが》春潮《しゅんちょう》が共同編集で作っていた『嶋』という雑誌がある。昭和八年（一九三三）九月に刊行された同誌の一巻五号には、彫刻家でハープや箏の演奏者でもあった雨田光平《あまだこうへい》による「竹生島詣」という、『平家物語』の平経正《つねまさ》のエピソードをオマージュした題を冠する紀行文が収録されている。

これは、一〇〇年前の竹生島の姿を知るための格好の資料といえる。雨田が福井県の出身で、滋賀県民ではないという点も、観光という視点に鑑みれば重要である。そこで、雨田の紀行文を中心にすえ、関連資料も参照しつつ、当時の竹生島の様子を明らかにしていきたい。

雨田が初めて竹生島を訪れたのは、大正七年（一九一八）一〇月一二日のことであった。きっかけは、「父俊宣」こと鈴木鼓村《すずきこそん》から光崎検校《みつざきけんぎょう》のエピソードを聞いて感動したことにあったという。

光崎検校は、幕末期の箏曲復古運動で活躍した盲目の音楽家である。鈴木鼓村の『耳の趣味』によれば、光崎検校は、箏曲「秋風の曲」を作曲するにあたり、このような大曲を完成させるには神の加護に頼るほかないと考え、「琵琶湖上の仙島《せんとう》」と称えられる竹生島に渡り、社に百夜こもって祈願した。そして、その最後の夜に夢の中で天女（弁才天）のお告げを受けることで、「秋風の曲」を完成させたという。

このエピソードを聞いたことに加え、「秋風の曲」の作詞者（高向山人《たかむくさんじん》）の晩年と、雨田の故郷である越前に縁があるということもあった。そこで突如思い立ち、長浜まで汽車で行き、そこから船で竹生島に渡ったのである。

初めて竹生島へ渡ったときの雨田の身体を突き動かしたものは、竹生島にまつわる物語であった。そこには、ある作品の舞台になった場所を観光するという、現在でいうところのコンテンツツーリズムに行くような感覚も含まれていたのかもしれない。雨田は竹生島に渡って、そこで三週間の勤行を行ったそうなのだが、それは光崎検校のエピソードを追体験するようなものであったといえるかもしれないからである。

大正二年（一九一三）に竹生島の宝厳寺《ほうごんじ》事務所によって発行された『竹生嶋遊覧』によれば、竹生島はもともと西国三三所の霊場としてや、謡曲や箏の歌、『太閤記』、『源平盛衰記』、『平家物語』などの物語によって、多くの人にその名を知られていた。竹生島には、一〇〇年どころか一〇〇〇年以上前から、人を惹きつける物語が幾重にも折り重なっていたのである。つまり、竹生島は信仰上の聖地であると同時に、物語上の聖地でもあった。多くの人は、そうした聖地を目指して竹生島に渡ったのかもしれない。

定期遊覧航路の登場

雨田が急に思い立って竹生島に渡れたのには理由がある。『琵琶湖汽船一〇〇年史』によれば、明治二二年（一八八九）七月に長浜〜大津間の鉄道が開通した影響で、天候に左右されやすい鉄道連絡船は必要とされなくなった。それにより、太湖汽船（昭和二六年［一九五一］に琵琶湖汽船と社名を変更）などの汽船会社は大幅な収入減を余儀なくされ、「止むを得ず」明治二七年（一八九四）頃から遊覧汽船の営業へと転換していくことになった。その後、大正三年（一九一四）に、日曜祝日に限り竹生島や長命寺行きの定期遊覧航路が開設された。これが現在にまで続く「竹生島めぐり」のはじまりとされている。つまり、雨田が初めて竹生島に渡った大正七年（一九一八）には、すでに現在のような竹生島への移動ルートが出来上がっていたのである。

『竹生嶋遊覧』によれば、竹生島はその名を知られていたにもかかわらず、やってくる人はそれほど多くなかった。そのため、太湖汽船の船によって、以前より短時間で島にアクセスできるようになっただけでなく、かつての船旅のような危険も減り、老若男女誰でも、珍しい光景を見て愉快な気持ちになっている間に、退屈することなく竹生島にたどり着けると、力説している。

滋賀県教育委員会の『竹生島保存管理計画』に収録されている、宝厳寺から提出された明治三二年（一八九九）の資料には、一年間に信徒三〇〇〇人、参詣者一万人が訪れたとあるが、同書の昭和五二年（一九七七）の記録によれば、入島者は一三万八〇〇〇人だったとのことなので、やはり明治期の観光客数は少なかったといえる。

以上からわかるのは、汽船が開発

されるまで竹生島にたどり着くこと自体が容易ではなかったこと、それゆえ物見遊山で訪れる人はそれほど多くなかったこと、竹生島側としては、そうした事態を打開し島を外に開きたいと考えていたことである。

　正確な年月日は不明だが、おそらく昭和初期に、雨田は紀行文を書くため、再び竹生島を訪れている。そのときの竹生島までの行程をみると、長浜から竹生島までの所要時間は約一時間半だったとのことで、現在より三倍以上の時間がかかっていることがわかる。太湖汽船の船で竹生島に渡れるのは、三月一五日から一〇月三一日まで、毎日午前九時、午後〇時一五分に出航、一時四五分、七時に帰港というスケジュールで、雨田が乗り込んだときの乗船者は江州商人（近江商人）、百姓、遊覧者、巡礼などであった。

　現在の琵琶湖汽船における長浜港発着の船は、平日だと五便、土日祝だと九便あり、最終の竹生島発の便は一五時五五分と設定されている。

　こうしてスケジュールを比べてみると、当時の人々の方が竹生島に長く滞在していた可能性が高いことがわかる（別の港に向かう船に乗った可能性もある）。現在では、基本的に上陸時間は七五分から八五分と設定されている。それより長く上陸していることも可能であるが、竹生島にある寺や神社をざっと回るだけであれば、そのぐらいの時間で見て回ることができるからである。ここから、当時の竹生島はそこに行くこと自体が目的として設定されていたが、現在の竹生島は別の観光地への通過点に過ぎなくなってしまっているといえるかもしれない。

竹生島の風景

雨田は一〇〇年前の竹生島で何を見たのだろうか。雨田が見て回ったものを列挙すると、**弁財天堂**（1）、唐門をくぐった先にある**観音堂**（2）、**都久布須麻《つくぶすま》神社**（3）、**拝殿**（4）、**天狗堂**（5）といったものであり、そのほとんどは、現在でも残っているものである。

　ただ、現在の視点から見ると、一つ気になることがある。都久夫須麻神社の拝殿には、「かわらけ投げ」

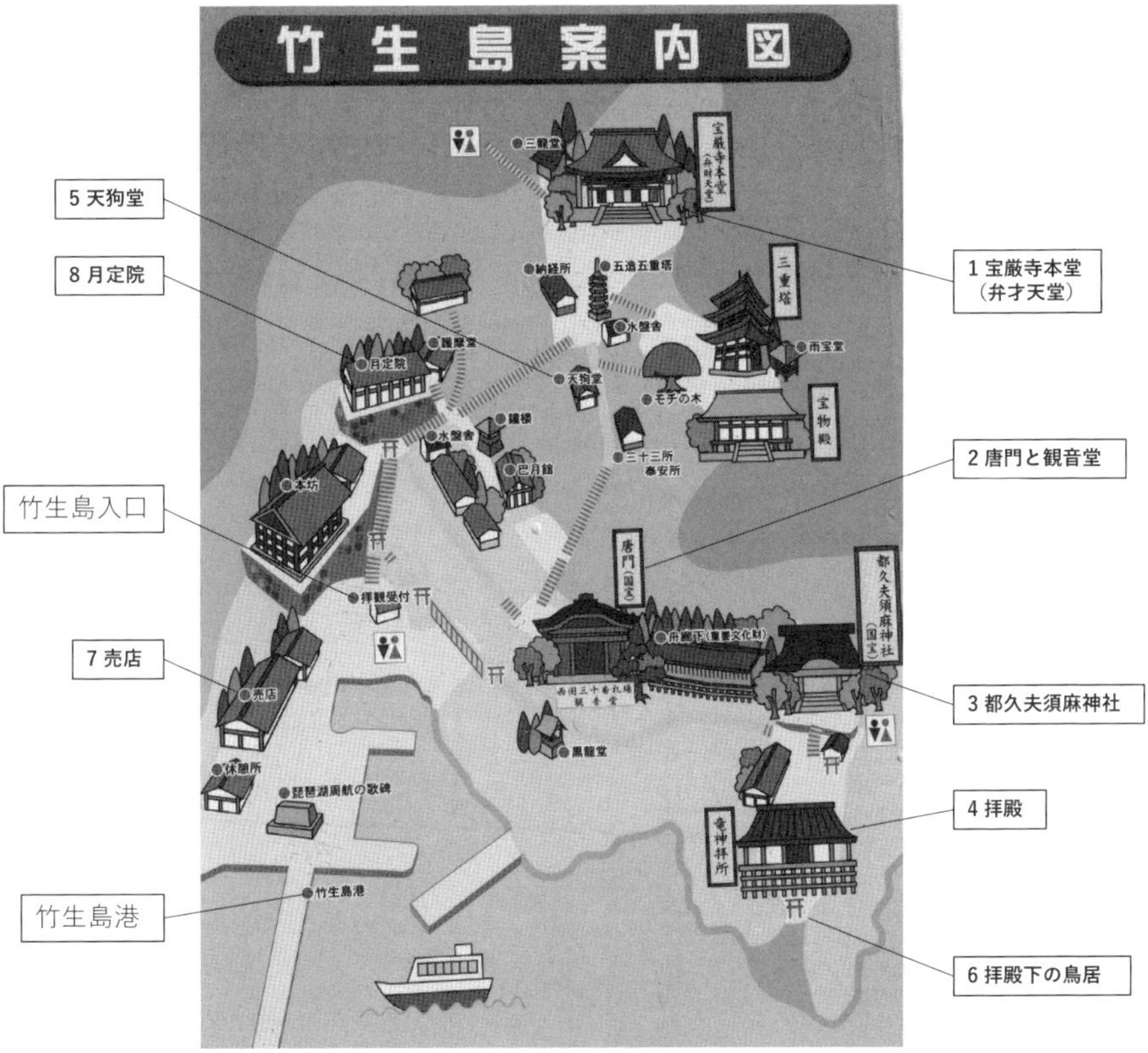

竹生島にある案内図に一部加筆

という風習がある。願い事を書いた「かわらけ」を、**拝殿下の鳥居**（6）に向かって投げ、「かわらけ」がその鳥居をくぐったら願いが叶うというものである。これは、鳥居をくぐらせられるかどうかというゲーム性もあってか、現在でも非常に人気のスポットとなっている。この風習に関して、雨田の紀行文には厄除けの土器を投げるという記述こそあるものの、特徴的な鳥居をくぐらせるという記述や、願い事を書く風習についての記述はない。これについては、『竹生嶋遊覧』にも記載がない。当時と現在とでは、「かわらけ投げ」のありかたが少し異なるのか、あるいは、「かわらけ投げ」は、そこまで名物ではなかったのかもしれな

拝殿下の鳥居

い。

雨田の紀行文では、建物だけでなく、竹生島より見える景観も詳しく描写されている。それは、今も昔もそれほど変わっていない。しかし、景観の社会的意味づけは変化している。昭和二四年（一九四九）、滋賀県観光協会が「琵琶湖八景」を選定し、その一つに竹生島が選ばれたからである。つまり、現在では、竹生島の景観は、観るべきものの一つとしてマーキングされていることになる。

歴史家のダニエル・ブーアスティンは、観光をマスメディアや観光会社が用意する「擬似イベント」として批判した。つまり、観光客は自分から面白いものを探そうとするのではなく、「擬似イベント」としてあらかじめ用意されたものを消費しているに過ぎないとする批判である。たしかに「琵琶湖八景」を見に行くという行為には、そうした一面もあるかもしれない。

他方で、観光社会学の古典『ザ・ツーリスト』を執筆したディーン・マキァーネルによれば、観光客は真正性（オーセンティシティ）を求めているのだという。真正性とは、観光用に作り上げられたものではなく、その観光地に存在する「本物の」自然や文化のことを意味する。これをふまえるなら、竹生島は、「琵琶湖八景」となる前から、その景観が求められていたため、「擬似イベント」ではなく、真正性こそが求められてきた土地であるのかもしれない。

竹生島の夜

雨田の「竹生島詣」のなかで私が

最も惹かれたのは、現在では見られない竹生島の光景を描いた箇所である。雨田は、初めて竹生島を訪れた際に行った三週間の勤行を次のように振り返っている。

今でもその心境が忘れられない。冬は島の風物も事かはり、時に便船も杜絶へ、荒れ狂ふ潮を前にして唯法燈を守る静かな寺の趣き、殊に夜の世界は全く孤獨の別天地であった。

雨田のこのエピソードを理解するためには、当時の竹生島の様子をもう少し詳しく見てみる必要がある。『竹生嶋遊覧』によれば、竹生島は、基本的には外からやってくる人を拒んできた土地であった。この方針を転換したのが、先にみた通り、約一〇〇年前のことである。それに伴って観光客が大勢やってくるようになったが、竹生島には何もないため、観光客たちは、不自由だと不平を訴えた。そこで、竹生島側は、料理屋や土産物屋を開業することにした。現在のわれわれが竹生島を訪れた際に出迎えてくれる**売店や食事処**（7）は、こうして誕生したのである。当時の売店では、酒や缶詰、煙草やハミガキなどが買えたそうだ。

それだけではなく、寺務所に申し出れば、食事や宿泊も用意してもらうことが可能であった。つまり、当時は竹生島に泊まることもできたのである。雨田が三週間勤行できたのは、この竹生島、特に宝厳寺側の配慮があればこそであった。ちなみに、出てくる料理は、真言宗旨に則り精進料理であったそうだが、それがまた趣があるとして好評だったという。現在、立ち入ることは出来ないが、今も残る**月定院**（8）と呼ばれる建物は、紀貫之や平経正といった賓客をもてなすための接待館だった、という。竹生島には一〇〇〇年以上前から、宿泊のための準備があったのである。

『竹生嶋遊覧』によれば、旅館はないとのことであったが、雨田は、「寺の入り口に一軒の茶店が有って土産物を鬻《ひさ》いでをるが、今では旅館も兼ねてゐるとの事だ」と書いており、昭和に入ってから寺以外の宿泊施設もできたことがうかがえる。

竹生島の冬の夜は、おそらく透き通るような冷たい空気と、虫の音も聞こえぬほどの静寂、そして漆黒の闇に覆われた湖と森によって、外界から完全に隔絶された異界のような趣きであったのだろう。私は、雨田が薄明かりの中で勤行している様子を想像したとき、得も言われぬ高揚感を覚えるとともに、竹生島に泊まってみたい欲望にかられた。

人はなぜ観光するのかということについて、社会学者のジョン・アーリは、日常と非日常との差異から形成される「観光のまなざし」という理論で説明した。このことをふまえるなら、竹生島の夜は、身近な他者とのつながりや俗世にまつわるあらゆることから切り離された非日常の場所といえ、それゆえに人を惹きつけると説明できるだろう。それは、一日中何かに追われるように働き、他者とソーシャルメディアで二四時間つながりっぱなしの現代社会を生きる人々の日常と対極にあるがゆえに、むしろ現代の人間の方が、より竹生島の夜に「観光のまなざし」をむけるといえるかもしれない。

温泉があるわけでもなく、レジャー施設があるわけでもない。それほど深い信仰を持っているわけでもないかもしれない。それでもなお、多くの人は、こうした異界を求めて竹生島に渡ったのではないだろうか。現代においても竹生島は一種の異界であるが、当時に比べると、その異界性はやや薄れている。少なくとも、観光客にとって、竹生島の夜は失われたからである。

パワースポット

令和二年（二〇二〇）現在、竹生島は、パワースポットとして広く知られている。『広辞苑』第七版によれば、パワースポットとは、「心身を癒やしたり元気づけたりする力に満ちているとされる場所」のことを指す。しかし、一〇〇〇年前の竹生島がそのように名指されていなかったのは、これまで見てきたとおりである。それもそのはずで、一九八〇年代に登場したパワースポットという和製英語が人口に膾炙《かいしゃ》したのは、二〇一〇年代になってからのことだからである。

竹生島がいつからパワースポットと呼ばれ始めたのか、正確な年代は分からない。平成二六年（二〇一四）に公開された、「パワースポット・アドベンチャー」をコンセプトとして掲げた映画『偉大なる、しゅららぼん』では、竹生島はパワースポットと位置づけられていた。しかし、平成二三年（二〇一一）に刊行された万城目学《まきめまなぶ》の原作小説の中では、竹生島には不思議な力があるとされつつも、パワースポットという用語は使われていなかった。

竹生島がパワースポットであるということが定着したのは、竹生島を含む琵琶湖周辺の文化が、「日本遺産」の一つ「琵琶湖とその水辺景観――祈りと暮らしの水遺産」に認定された平成二七年（二〇一五）のことだろう。「日本遺産」は、複数の文化財をストーリー（物語）で結び付けて提示するプロジェクトであるが、この「ストーリーの中の位置づけ」のところに「琵琶湖に浮かぶパワースポットの島」と明記されているからである。

聖地観光論を専門とする岡本亮輔《りょうすけ》の『聖地巡礼』によれば、パワースポットは三つの類型に分類される。それをふまえるなら、竹生島は、かつてからの聖地が改めてパワースポットと言い換えられた、「再掲示型」のパワースポットに当たる。

パワースポットは神社を中心に形成される場合が多い。竹生島には、都久夫須麻神社があるため、その神社がパワースポット化したものであるかのように思えるが、話はそう単純ではない。竹生島の信仰は、もともと神仏混淆であり、かつ仏教色の方が強かった。ところが、明治政府の神仏分離令を受けて、当時の大津県庁が宝厳寺の本堂を無理やり都久夫須麻神社に改称させた結果、宝厳寺から都久夫須麻神社が分かれることとなったのである。このことについて、雨田は約一〇〇年前の寺の僧から、「いはば千年の島の守護仏を冷遇したわけで、今となっては取りかへしがつかない」という悔恨を聞きとっている。

それでは、寺と神社は完全にバラバラになってしまったかというと、そういうわけではなかった。竹生島の神仏分離について研究した佐々木孝正によれば、神仏混淆の信仰は、民俗化した仏教行事のかたちで伝承されていったのだという。こうした複雑な宗教的事情を脱文脈化し、パワースポットという新たな枠組みの中で、もともとの庶民信仰が前景化しているのが、現在の竹生島の姿なのかもしれない。

　ところで、竹生島のパワーの源の最たるものは、竹生島を覆う緑である。つまり、竹生島から緑が失われることは、パワーが失われることを意味することになる。このことを象徴する出来事が、平成の時代に起こった。カワウという野鳥による害である。

鳥獣害

令和二年（二〇二〇）現在でこそ、緑に覆われた竹生島を見ることができるが、平成四年（一九九二）頃から二〇〇〇年代後半にかけて、竹生島の緑は危機に晒されていた。カワウという野鳥によって、竹生島のシンボル的な樹木であったタブノキの多くが枯れてしまったからである。

　カワウは、カツオドリ目ウ科に分類される野鳥で、魚類を採食し、基本的に群れで行動する。カワウは営巣活動に伴って、木の枝を折る。加えて、カワウの糞が葉に付着していくと、光合成も阻害される。そうして、樹木が枯死していくことになるのである。竹生島はもともとシラサギの大繁殖地であったが、一九八二年にサギ類のコロニーで五つのカワウの巣が発見され、以降爆発的に数を増やしていった。

　カワウの被害を受けた竹生島の写真は、今も島で見ることができる。平成二三年（二〇一一）に島に設置されたパネルの写真を見ると、宝厳寺や都久夫須麻神社の裏側に広がる森が、ほぼ根こそぎなくなってしまっていることがわかる。そのパネルには、「信仰の島・竹生島でカワウを殺生することは本意ではありませんが、将来的には緑豊かな竹生島を取り戻していきたいと願って『カワウ対策事業』を進めています」と、苦々しく書かれている。竹生島の入り口には、「當嶋水際八町殺生禁断也」と記した石碑がある。つまり、この竹生島の周りでは、魚を採ったり、猟をしたりしてはならないことになっている。しかし、このままでは竹生島の緑がなくなってしまい、それはひいては信仰の消滅、パワーの消滅にもつながっていくことになる。それゆえの苦渋の選択だったのだろう。

殺生禁断の石碑

こうした事態を憂いた滋賀県水産課は、カワウを捕獲する計画（シャープシューティングプロジェクト）を立ち上げた。それにより、平成二〇年（二〇〇八）には七万四六八八羽いたカワウを、平成二五年（二〇一五）には五九四〇羽まで減らすことに成功した。

人間の側からすると「成功」ということになるが、カワウの側から考えると、どうだろうか。カワウと人間は、決して共生できないわけではない。しかし、竹生島は、それを実現するためにはあまりにも狭すぎた

し、人間によって意味づけがなされ島でもあった。そのことがカワウに「悲劇」をもたらすこととなったのである。

竹生島に限らず、滋賀県では、いたるところで獣害問題が発生している。特に田んぼや畑をつくっている人々にとっては喫緊の課題といえる。人間と動物が共生するためにはどうすればよいのか。どのような形がありえるのか。竹生島は、そうした難問と向き合う土地でもある。

竹生島への招待

なぜ人は竹生島を訪れるのか。一〇〇〇年前の竹生島についていえば、それは信仰の聖地への巡礼、物語の聖地への巡礼、竹生島の自然という

真正性を求める観光、日常と乖離した異界を求める観光のためとなる。現代においては、日本遺産という「物語」を求めるコンテンツツーリズム、竹生島の自然からパワーを得るためのパワースポットツーリズムのためといったところだろう。

私の分析が的を射ているかどうかは、ぜひ竹生島に実際に行って確かめてみてほしい。ガイドブックやインターネットの情報を集めて観光するときとは一味違う竹生島を満喫できること請け合いである。

COVID-19によって、人々は移動の制限を余儀なくされた。観光の根底にあるのは、人がある場所からある場所へと移動し、無事に帰って来ることができるという、シンプルな事象である。しかし、それは、決して自明なものではないということを、COVID-19は苦々しく示してみせた。かつて、観光は「平和へのパスポート」と呼ばれた。たとえば、紛争地域には簡単に入ることができないし、帰って来れるとも限らないからだ。そのため、観光できるという事実は、それだけで驚くべきことなのである。

写真：すべて筆者撮影

参考文献

・雨田光平「竹生島詣」（柳田國男・比嘉春潮編『嶋』一誠社、一巻五号、一九三三年）
・佐々木孝正「竹生島における神仏分離について」（『大谷學報』五五巻二号、一九七五年）

7 交通の要衝米原
―「まいはら」から「まいばら」へ―

萩原 和
Kazu Hagihara

米原の読み方

米原駅といえば、滋賀県東北部の代表駅であり、東海道新幹線をはじめ在来線の東海道本線、北陸本線の結節点として知られている。本章ではこうした交通の要衝としての米原の特徴がどのように形成されたのか、その歴史的経緯をたどることにする。

まず、米原という地名には二つの読み方があることをご存じだろうか。「まいはら」と「まいばら」である。北国街道の**米原宿**（1）は「まいはら」、旧米原町も「まいはら」であった。だが駅名においては、旧国鉄時代より「まいばら」であり濁点がつく（ただし明治期には濁点のない「まいはら」であった可能性が高く、その後どういった経緯で濁点が付いたかは不明という）。こうした駅名表示のゆれは、全国的にも少なからず見られる現象である。ただし、米原駅の場合は、東海道新幹線という幹線鉄道の停車駅としての側面を持っている。その結果、全国的に「米原」という名称が認知されるにつれ、本来は「まいはら」である町名も「まいばら」と誤読されるようになった。こうした背景もあり、平成の大合併で米原市が誕生した際、「まいばら」として濁点の付く名称に切り替わった（平成一七年（二〇〇五））。この際、米原のルーツとなった大字の地名は「まいはら」として残ったが、旧街道にある消火栓の

「米原区」の表記からはその違いを読み取るのは難しい。

内湖につながる米原湊

米原駅には東西それぞれに駅前ロータリーがあるが、そもそも駅開設当初は駅東口が表玄関として設置された。駅東口の南側の広大で長細い空き地が、旧国鉄の操車場跡地であったことは容易に想像できるが、この一帯が近世の頃、湊であったことを知る人は少ない。このロータリー付近にひっそりと石碑とモニュメントがある。石碑には**米原湊跡**（**2**）と刻まれており、舟をモチーフとした作品が傍らにある。これらは平成二四年（二〇一二）に米原市商工会が寄贈したもので、まだ目新しさが残る。案内板には『米原湊絵図』が掲載されるとともに、湊が置かれた経緯が示されている。米原町史によれば、そもそも交通の要衝として位置づけられる米原の特徴は、慶長一六年（一六一一）の街道整備によってもたらされたという。それまでは二〇軒ほどの小さな村に過ぎなかった米原宿のあたりは、米原湊の開設、中山道への新道開設（**米原道**（**深坂道**）（**3**））によって発展することとなった。特に物流の面では、彦根三湊（**米原、松原、長浜**）に数えられ、おもに大津方面との交易が盛んになった。ただし、湊の位置（**現在の米原駅東口界隈**）は、琵琶湖から二㎞程の距離に位置する。残念ながら現状では、舟運交通が盛

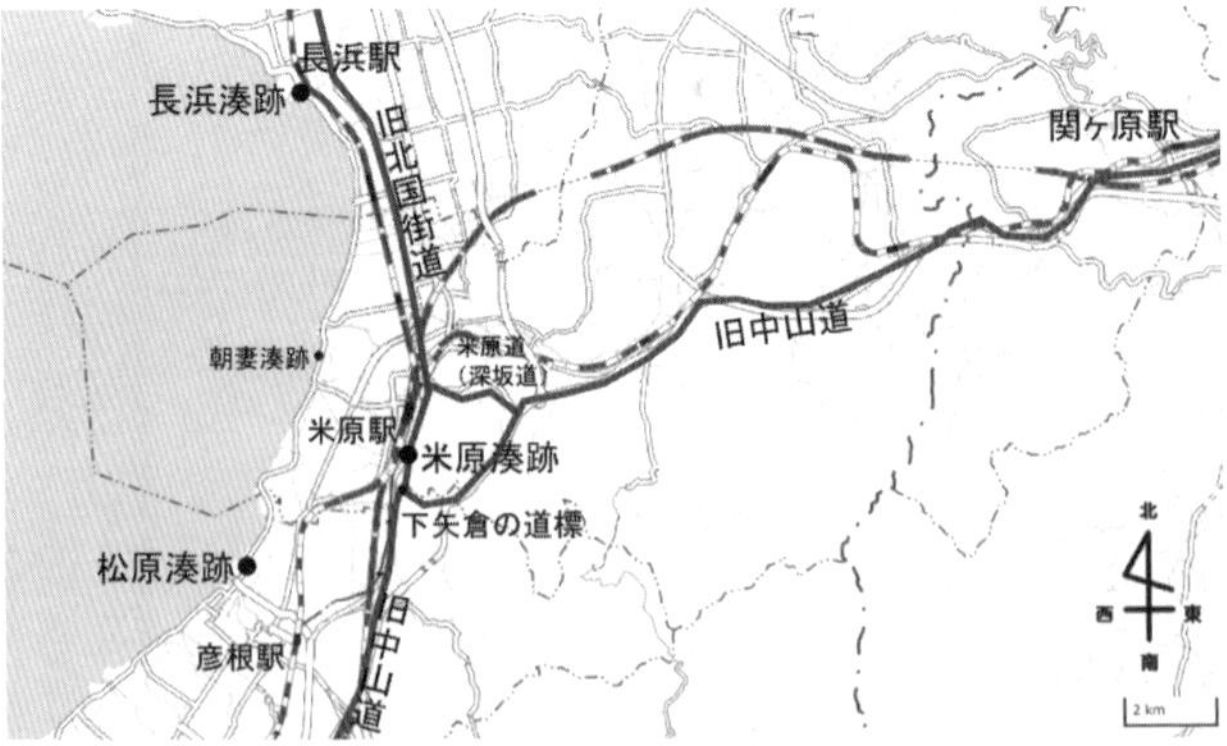

図1　米原駅界隈の位置

んだったことをイメージしにくい。そこで、空中写真に近世の地形、主要地点を重ねて図示した。確かに、

入江内湖と呼ばれる小さな湖と湊に通じる舟入堀（のちに「大よし堀」と称された）を介して琵琶湖と米原湊はつながっていたことがわかる。

ここで内湖について若干の解説をしたい。内湖とは、湖岸に形成された池、沼、沢、クリーク等の総称である。本来、湖の一部であった水域が沿岸漂砂《ひょうさ》や河川から運ばれた土砂の堆積等により孤立した地形（一部は水路等で琵琶湖とつながった状態）が内湖である。しかしながら、近代化の過程の中で現存する内湖はわずかとなった。入江内湖も干拓事業によって消失した内湖の一つである。

図２　近世の頃の米原宿界隈

ところで、米原区が編纂した字誌において、湊を往来していた船の中には独特な形をした船があった旨が記載されている。この船は**車早船**《くるまはやぶね》と呼ばれるものであり、船体前方の両側に車をつけた、いわゆる外輪船であった。古来より琵琶湖で使われていた丸子船と比べて天候に左右されず安定的に人や物資を輸送できたようである。先ほど紹介した駅東口のモニュメントは、まさに車早船をモチーフにしたものであり、周辺界隈の歴史を継承すべく設置されたのであった。

宿場の町から鉄道の町へ

米原駅は、明治二二年（一八八九）の開設以降、旅客・貨物輸送としての一大拠点として発展していくが、周辺界隈のなりわいも大きく変容していく。それまで宿場町として機能していた米原宿はこれ以降、「鉄道のまち」として、その性格を帯びるようになる。

だが、生活様式が近代化したとはいえ、宿場の街並み景観は大きく変わらなかったようである。写真は、高台から撮影された米原宿と米原駅である。現在のように電車ではなく蒸気機関車であったため、大規模な鉄道施設群が米原駅付近に多数存在

戦前の米原宿と駅界隈（米原市所蔵）

した。この高台付近は、現在でもその当時の町家が点在しており、宿場町の風情が残る。

この街道筋を北上すると、米原道（深坂道）に合流するまでが緩やかな坂道である。緑が生い茂った静寂の街道筋に、時折遠くからレール音が聞こえる状況は、いかにも鉄道の町らしい光景である。こうしてみると、「宿場の町」から「鉄道のまち」への変容は、交通結節点としての宿場町の機能が、そのまま近代化していったともいえるが、米原駅の開設とその後の合理化への過程を振り返る際、若干の注意が必要である。町史には、「（中略）水陸連絡にも一定の配慮をしての立地選定であった」と書いてあるように、当初は、米原湊をつぶして米原駅を開設する計画はなく、湊に寄り添うかたちで駅を立地させようとしていた意図がうかがえる。つまり、舟運交通が衰退していく過程の中で、当初予定された水陸連絡の計画は徐々に立ち消えていったのである。結果的に、湊部分はその後、一部の堀を残して埋め立てられ、広大な鉄道用地へと転換されていくことになった。

さて、近代化の中で広大な駅施設に占有された状況は、近世では見られなかった光景であっただろう。米原湊も大きな港湾施設であったはずだが、湊のなりわいと集落の衣食住が入り込んで同居するような空間がそこにはあった。おそらく職住が一体となった交流空間が、米原湊と米原宿であったであろう。

一方で、米原駅の鉄道施設群の集約化は合理化への道であり、意図的に多くの「立ち入り禁止」の空間を作り出した。交通結節点である米原駅は、操車業務や貨物取扱が盛んであったため、こうした側面が色濃く反映したといえる。職人気質の整備士や運転手、車掌が行き交うまちであり、多くの労働者を支える商売が機関車庫周辺に誕生していったのである。労働者のための福利厚生サービスが提供され、その周辺に居住地域が形成されていった。字誌に編纂された地元有志による聞き取り（平成一一年（一九九九）当時）によると、

旧米原町役場（米原市所蔵）

大正時代の界隈の商店は、旅館、飲食店、菓子屋をはじめ、買い回り品を扱う店舗、銀行、郵便局、さらには鉄道診療所、鉄道物資部などの鉄道関係の施設が立地していたという。特に鉄道従事者でなくとも販売所やその他福利厚生施設を利用できたと記されており、近代以降の米原における鉄道施設群の存在は、地元経済の屋台骨であった。

さて「鉄道の町」として米原が成熟していく中で、米原宿界隈の公共施設はどのように近代化されたのであろう。当時の地図によると宿場町の北端に位置するところに、**旧米原町役場**が所在していたことがわかる。また米原小学校（現在、移転）は、旧街道から東へ登ったところに位置していた。行政および文教施設が集積していたことが読み取れる。しばらく米原駅東口は、旧宿場町としての顔を活かしながら、鉄道の町をけん引する日常生活の拠点として機能する。しかしながら、その時代も長くは続かなかった。蒸気機関車からディーゼル、さらには電化という技術革新の波である。特に、機関車庫は、動力源となる石炭と水の貯蔵施設が必須であったが、電化によってその機能が不要となった。現在、その当時の遺構は一部を残してほとんど解体されている。

戦前の食糧増産による内湖の干拓

図3は昭和三五年（一九六〇）頃

の米原駅西口付近の地図である。この当時はまだ東海道新幹線も開通していない時期であり、駅西側の開発はほとんど確認できない。米原町史資料集として編纂された『明治の村絵図』によると、当時、駅の西側には微高地があり、その南西端には旧下多良神社が位置していた。駅前付近の区画整理に伴い、**下多良神社**（４）は現在地（下多良一三一－五）に移転、微高地部分は鉄道施設等の拡幅により削られることになり、その痕跡は現在確認することはできない。

さて米原駅より北西側に位置する多良は、上、中、下の大きく三つ（地元では**多良三郷**（５）と称される）に分かれる。多良三郷の景観は、そもそも優良な農地があり、戦後以降は圃場整備を行う中で保全されてきた。遠景景観としてのまとまりは継続的な農地保全の取り組みの賜物といえ、新幹線駅の近隣とは思えないほど美しい田園風景が維持されている。特に周辺に位置する天野川は、米原界隈において重要な河川であり、肥沃な土地を形成するに不可欠な存在である。多良三郷を潤す豊富な水も、この水系によるところが大きい。伊吹山系、霊仙山系の上流から供給された水源、さらに

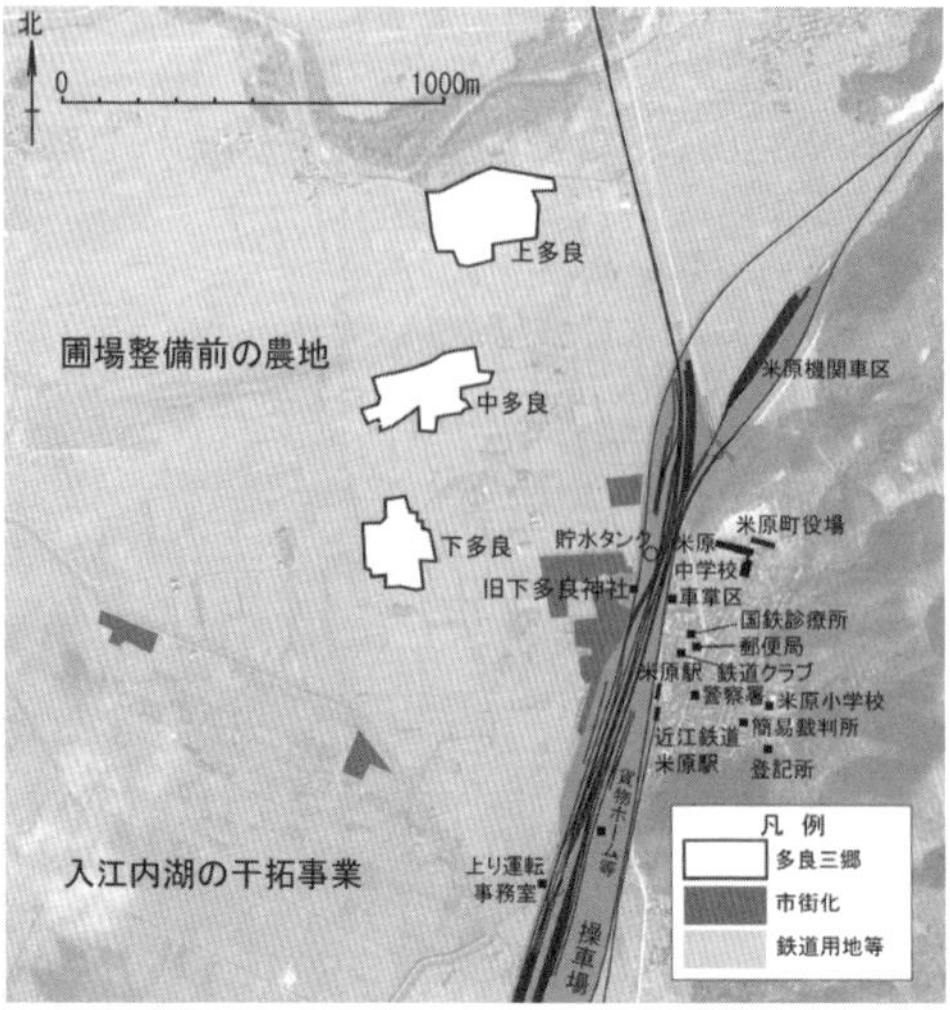

図３　昭和35年（1960）頃の土地利用

多良三郷の景観

は集水地である琵琶湖によって形成された肥沃な土地によって、穀倉地帯としての近江、湖北の特徴が確立した。

ここからは下多良から南西に注目する。現在の下多良は、区画整理が行き届いた宅地が広がっているが、一歩郊外を歩けば、用水路に囲まれた広大な圃場を目にすることができる。米原湊を紹介した際にも言及したように、戦前まで入江内湖が広がっていた。米原湊と同様、この内湖の存在も、今となっては知らない人が多いかもしれない。写真は、大正五年（一九一六）頃の米原駅から西側を眺望した入江内湖の様子である。滋賀県内に現存する内湖と同様、ヨシが生い茂っている様子がわかる。特に駅側に近い細い部分は、現在もその面影が残る。入江内湖は、隣接する松原内湖とともに、湖北、湖東を代表する内湖として知られていた。いずれも、現在は干拓事業によってその多くを田畑に転用している。

大正5年（1916）頃の入江内湖（米原市所蔵）

現在の様子

干拓当時の様子（米原市所蔵）

この風景が劇的に変わったのが終戦直前である。戦時体制下の食糧増産の国策によって、入江内湖の干拓事業が行われた。その当時を振り返る資料は、現在、**米原市立琵琶湖干拓資料館（6）**にその多くをみることができる。また当該地区は、**入江内湖遺跡**（7）をはじめとして複数の遺跡が所在するため、出土した遺物等が館内展示されている。干拓事業自体は全国各地でなされているが、それらの多くは汽水域における土地改良である。汽水、つまりは海水と淡水が交じり合う土地では、除塩が不可欠であるため、一般的に大規模な土壌改良が求められる。かたや入江内湖はどうであったかといえば、琵琶湖自体が淡水であるがゆえに、塩害の心配が一切なかった。琵琶湖の内湖干拓は、効率よく事業を進めるうえで非常に適した土地であったといえるだろう。

　琵琶湖における内湖干拓でもっとも大きい事例が、大中湖の干拓事業である。入江内湖は、二番目に大きい範囲を干拓されたといわれており、昭和一八年（一九四三）から事業が始まり、昭和二五年（一九五〇）に干拓事業を完了（一部の残事業は昭和二六年（一九五一）まで延長）した。内湖の干拓事業としては、最初期の事業と言われている。干拓という言葉がしめすように、「干上がる」状況をつくり出している。つまり、入江内湖をはじめとする干拓地は、絶えず水を干上がるように排水しているのである。入江内湖においては、干拓予定地の周囲に堤防を築き、その外側に「承水溝《しょうすいこう》」と呼ばれる用水路を建設した。また排水を促すため、小排水路を多く設置したという。自然地形の特性をうまく利用して低予算で干拓する工夫がなされたのであった。しかし、これだけでは排水は無理であるためポンプアップする排水場が存在する。干拓事業直後においては、雨水排除用として口径八〇〇㎜渦巻ポンプ二台、湧水排除用として口径五〇〇㎜渦巻ポンプ二台が導入された旨が記録されている。

　現在でも、現役で稼働しているポンプ施設とともに、歴代のポンプ施設が琵琶湖干拓資料館に野外展示されている。土地の履歴が共有しにくい時代において、貴重な生きた展示資料となっている。こうした事実を継承することは、地区の成り立ちを知るうえで大きなきっかけとなり伝承の手掛かりとなるだろう。

戦後、米原町においても入江地区の農業振興は、非常に重要な意味を持っており、優良農地の保全と振興策は現在にもつながる取り組みである。例えば、昭和五五年（一九八〇）に策定された「米原町総合発展計画」を読み解くと、入江における振興計画の記述がある。この頃には、新幹線が開通しており、他の新幹線駅の周辺開発の様子を考慮しても、相当の開発圧力がこの圃場に吹いてもおかしくなかった。当時の米原町は、農業振興の重要な拠点として、入江地区を見据えていたことを物語っている。

このように米原駅界隈は、鉄道施設だけでなく、今もなお内湖干拓を基盤とした後背地を持った地区であることを示している。明治から昭和の戦中戦後において、急速に近代化していく農村風景の中に、近代化の象徴としての蒸気機関車庫、そこから数km離れた干拓地では巨大ポンプが大量の水を排水していたのであった。

現在の米原駅界隈を歩こう

本項では、これまで紹介してきた地点を中心に、実際にまち歩きをするにあたっての推奨ルートを案内したい。なお、米原駅を起点とした場合、駅東口には観光案内所が設置され、レンタサイクルのステーションが開設されている。余裕のある方はぜひ活用されたい。

地図のとおり東口ロータリー、国道八号を渡ると米原宿となる。まず、旧街道を南方向に歩くとしばらくして青岸寺の門前となる筋に至る。**青岸寺**（8）は曹洞宗の寺院であり、慶安三年（一六五〇）に再建された。国指定名勝である**青岸寺庭園**（9）が特に美しい。またこの界隈の山裾に位置する**湯谷神社**（10）は、一〇月の祭礼日において、**米原曳山祭り**が行われ三つの曳山が街道筋を練り歩く。なお、この界隈は、旧米原小学校、裁判所、登記所など町の中心機能が集積していた地区でもあった。ただし先述のとおり、役場の移転（昭和四五年（一九七〇））以降にその機能を失うことになった。現在は、旧小学校跡地には保育

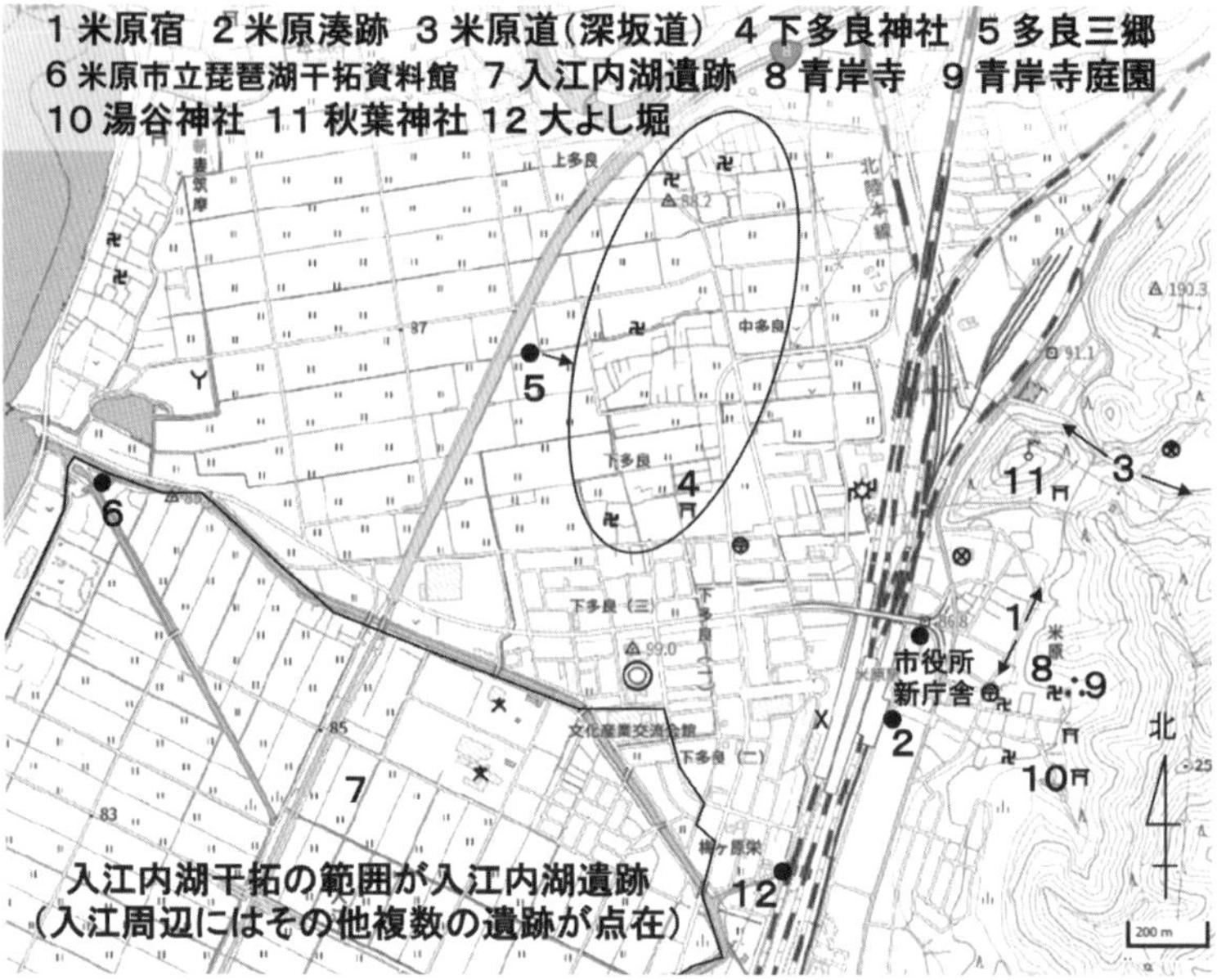

図４　史跡案内

所が設置されるとともに、グラウンド整備が進められるなど新たな地区のコミュニティの交流および防災拠点として機能している。

さて、街道筋に戻ったら、今度は北上してみよう。しばらくすると、北国街道と新道（深坂道）につながる坂道の分岐に至る。進行方向右手（東側）に進むと、深坂道方面となり、程近くに**秋葉神社**（11）がある。もともと江戸末期までは深坂の角田栄次郎宅に鎮座していたが、明治初年に当地に移されたと字誌に記録されている。なお、高台にある秋葉神社界隈は、米原宿と米原駅との関係性を俯瞰できる位置にある。ぜひ、その素晴らしい眺望を確かめてほしい。

その後、北国街道のルートを選ぶと、現在の米原警察署（旧米原中学校跡地）付近から、西側を見渡すと新幹線、在来線にかかる跨線橋がみえる。昭和四五年（一九七〇）竣工であり、土地区画整理事業の一環で建設された。なお、この跨線橋には歩道が備わっているので、まち歩きのルートとしても活用されたい。この跨線橋を渡りきると下多良界隈である。先述の通り、もはやこの界隈に微高地があったことを示す痕跡はない。特に多良三郷の一角を占める下多良の集落については庁舎移転によって官庁街、住宅街としての特徴を帯びている。

ここから先は、移転後の下多良神社に向かうこととしよう。この神社の手前にある集落内道路に注目すれば、新旧の集落の境界をなしていることに気づくだろう。下多良神社の境内に入ると、新幹線建設と神社の移転についての経緯を記した石碑があるので、ぜひ一読されたい。

下多良界隈の西側に歩みを進めると、国道八号バイパス（米原バイパス）に出る。当該ルートは、入江干拓地を南北に貫くように敷設された。これによって、湖岸道路、国道八号と並ぶ、三番目の南北軸を担う幹線道路が誕生した。なお、一連の工事の過程においては遺跡の発掘調査も行われている。干拓資料館の説明でもふれたが、干拓化において古代遺跡の遺物が多数発見された地区であったため、国道バイパスの工事に先立ち、発掘調査がなされたのである。これらの成果は、「一般国道八号米原バイパス建設に伴う発掘調査報告書」として、その知見がまとめられるとともに新たな遺物を収蔵することとなった。

さて、ここからは、米原駅前に戻るように東方向に歩いていくことにする。現在、入江干拓地の一部は宅地化が進行している。さらに、昭和六三年（一九八八）に役場庁舎の横に県立文化産業交流会館が建設され、その後、さまざまな公共施設も集積している。

一方、駅西口界隈のあたりを散策すると、新幹線の高架越しに、鉄道総合技術研究所、ヤンマー中央研究所が見える。このように広大な農地が広がる中で、米原駅界隈は、東西の景観を大きく変えることになった。ただし、注意深く周辺景観を眺めると、内湖であったこと、さらには、米原宿まで湊が通じていたことが写真のように確認できる。これは新幹線高架の下にわずかに見える用水路であり、現在も水が流れてい

暗渠化された大よし堀

る。先ほど、米原湊をつぶして機関車庫や操車場を作ったと説明したが、厳密にいえば水路自体は隠れて存続していた。いわゆる「暗渠化《あんきょか》」といわれるもので、用水の地中化であり、要は蓋をすることによって上部の安全や高度利用を目指したものであった。用水のコンクリート部分には**大よし堀**（12）のプレート表記が掲げられている。消えたと思われた米原湊の痕跡は確かにまだ生き続けているのである。

このあと新幹線に沿って北上すると米原駅西口のロータリーである。まち歩きのスタート地点である米原駅東口へは、平成二一年（二〇〇九）に竣工した東西自由通路を使うと便利である。なお、米原町役場の移転を皮切りに下多良の都市開発が進行したことを述べたが、令和三年（二〇二一）度より駅東口隣接地に米原市役所新庁舎が立地している。バブル経済崩壊後、長らく塩漬けされた広大な土地は手つかずのままであった。こうした中での新庁舎の建設だったのである。今後、この広大な用地の一角に位置する新たな庁舎は、どのように米原のまちづくりに貢献していくのであろうか。

これからの米原

本章では、米原駅界隈の拠点の移り変わりを通して、近世から近現代の景観変遷の在り様を明らかにした。見事なまでに駅を挟んで、東と西に目まぐるしく米原の中心が変遷しながら、駅界隈のまちづくり、さらには景観変化が生じていた。特に、地域資源として、これほどまでに景観の履歴が多様な地区も珍しい。なかでも入江干拓の景観は、北の伊吹山、南の彦根城との組み合わせで広大で悠々とした風景を構成している。歩いて入江干拓を散策するのもよいが、新幹線の車窓から眺める景色も素晴らしいものがある。

今回、米原駅界隈、つまり当時の「まいはら」に焦点を絞ってきた。しかしながら、米原市自体は、平成の大合併で四つの自治体が合併してできた自治体であり、米原駅はその代表駅としての顔を持つ。これからの「まいばら」をどのようにまちづくりしていくべきなのか、その方向性を示すうえでも、駅前のまちづくり活動が大きな意味を持つものと思われる。

参考文献

・米原町史編さん委員会編『米原町史　通史編』（米原町、二〇〇二年）

・まいはら字誌編さん委員会編『交通の要まいはら』（米原区、二〇一三年）

・市川義夫他編『わが町「まいはら」』（米原町商工会、一九九六年）

・長浜城歴史博物館編『北国街道と脇往還　街道が生んだ風景と文化』（サンライズ出版、二〇〇四年）

・米原町史編さん委員会編『明治の村絵図』（米原町、一九九六年）

図版出典

図１：国土地理院地図の白地図を引用のうえ加筆。

図２：昭和三五年（一九六〇）撮影の国土地理院空中写真（整理番号ＫＫ６０４ＹＺ）を引用のうえ加筆。

図３：昭和三五年（一九六〇）撮影の国土地理院空中写真（整理番号ＫＫ６０４ＹＺ）を引用のうえ加筆。

図４：国土地理院地図の淡色地図を引用のうえ加筆。

8 彦根城下町と町家の格子

―格子をめぐるまち歩き―

石川慎治
Shinji Ishikawa

町家の格子

滋賀県は、全国的に見ても歴史的町並みや集落がよく残っているといえよう。実際、江戸時代、藩の政治経済の中心であった城下町（彦根・膳所など）や、街道の要所にあった宿場町（大津・草津・高宮・木之本など）であったところは、現在でもその当時の名残を見ることができ、町家などはその代表例といえる。

このような町並みにおいては、通りに面する町家の店構え（町家の通りに面した部分）が重要な景観要素となるが、特にその土地の特徴が色濃く反映されるところでもある。例えば、京都では「千本格子」と呼ばれる繊細な意匠の格子戸、奈良では太めの材を使った「法蓮格子」などがよく知られている。一方で、京都の町家の店構えでは、「米屋格子」「酒屋格子」「炭屋格子」といったその店の職業を表している格子があるが、統一感のある風景のなかにも多

すりあげ戸

蔀戸

様な意匠が存在している。

　このように、町家建築の表情に大きな影響を持つ格子であるが、京都は別にして、江戸時代の町家の店構えは、当初から格子であったわけではない。江戸時代を通じて地域と年代を問わずに広域に存在していたのは、揚戸《あげど》による店構えである。揚戸には、すりあげ戸や蔀戸《しとみど》があるが、どちらも開放的な店構えになるため、町家建築において広く普及したものと思われる。その後、町家の店構えが、揚戸から格子へ移行・普及するようになるのだが、そこには格子の持つ格式性とともに、格子が本来的に備えるその意匠性が大きな意味を持つと指摘されている。

彦根城下町と町家

慶長九年（一六〇四）、彦根城の築城から始まった彦根城下町は、彦根城を中心に、内堀・中堀・外堀によって四つの地区に分けることができる。天保七年（一八三六）作製の『御城下惣絵図』と、現在の彦根城下町部分の地図を比較すれば、現在もその骨格は大きく変わっていないことがわかる。このうち、町人が居住していたのは、中堀と外堀に囲まれた地区（外曲輪《そとぐるわ》）の中の「内町《うちまち》」、外堀よりも外側の地区の「外町《そとまち》」と呼ばれたエリアになるが、国の重要伝統的建造物群保存地区に選定されている河原町芹町《かわらまちせりまち》地区は、かつての外町に属していた。

　一方、江戸時代、内町の町人には土地にかかる年貢を免除される特権があり、城下でも有力な商人が居住していたためか、立派な町家が今も残っている。旧下魚屋町《しもうおやまち》（現城町一丁目など）にある彦根市指定文化財・**旧広田家住宅**（１）などはそれにあたる。もとは納屋七という魚問屋で、天明二年（一七八二）の『下魚屋町家並絵図』には「七右衛門、広田七平、間口八間」との記述があり、現在と同規模の敷地で魚問屋を営んでいたことがわかる。現存する町家は、背面の突出部の鬼瓦に安永七年（一七七八）の刻銘があることなどから、この頃に建築されたと考えられている。間口七間半、奥行七間で、桟瓦葺の屋根を持ち、二階の軒は登り梁の端部を出桁《だしげた》状に加工したもので支えている。このような工夫は、雪の深い滋賀県湖北地方にはみられるが、湖東地方では見かけない造りである。

旧広田家住宅

　旧広田家住宅の平面図を見ると、通りに面する上手側に「おくのれんじ」と呼ばれる部屋がある。彦根市内の他の町家でも、同じような位置にある部屋を「れんじ」と呼んでいる例があるが、これらの町家に共通するのは、この部屋の開口部に格子

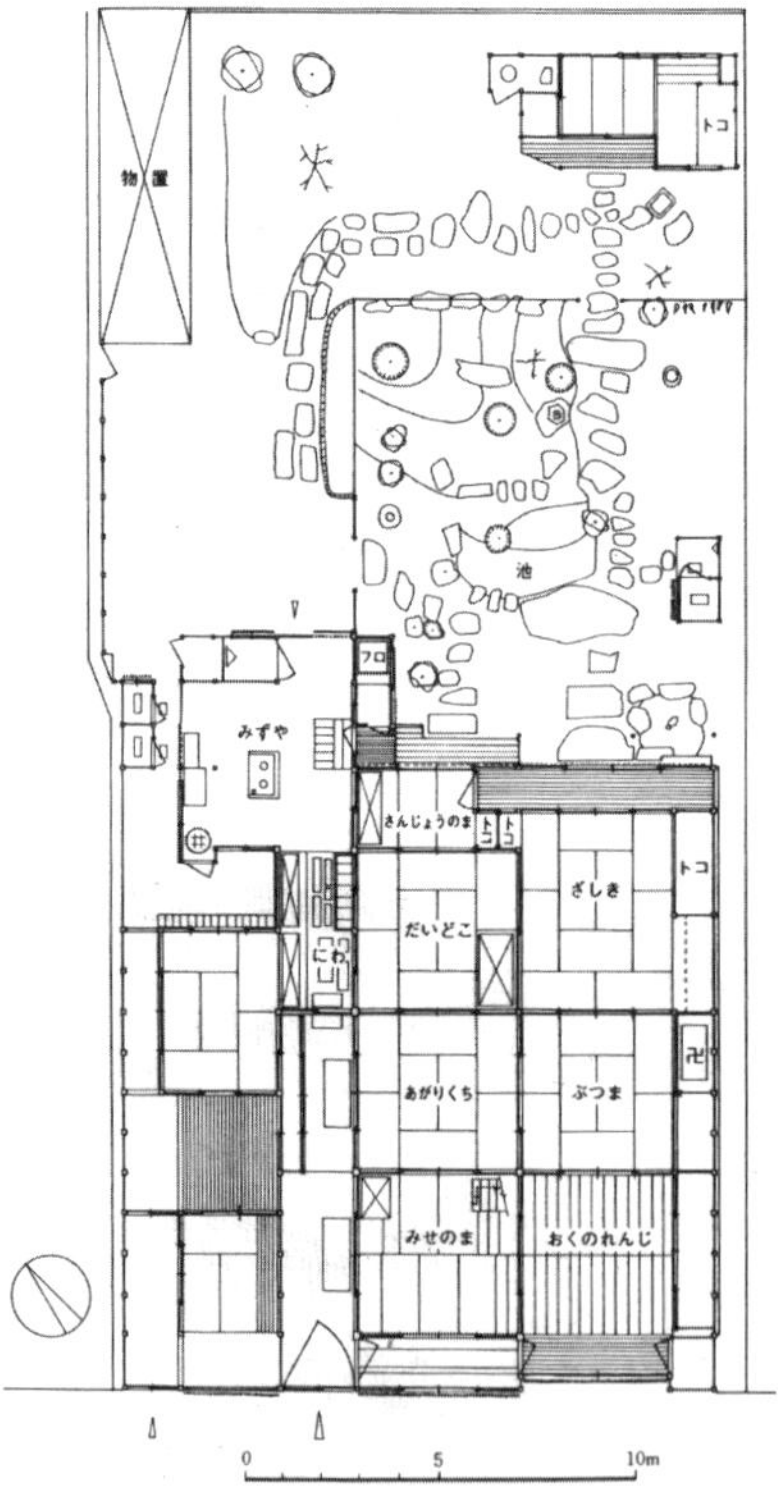

旧広田家住宅・平面図

が設けられていることである。城下町彦根の町家は、当初からこのような格子の店構えであったわけではないが、表側上手の部屋名に格子に関する呼称が使われていたことより、彦根町家において、格子は重要な要素であったことには間違いがない。

このように、彦根町家の店構えを特徴づける格子について、次に見ていきたい。

彦根町家の格子

平成三〇年（二〇一八）、彦根城下町における格子の調査が行われたが、店構えに格子を設けている町家は一五四軒ほど確認できた。この結果を分布図にすると、内町の旧魚屋町や、外町の七曲がり地区、重要伝統的建造物群保存地区に選定されている河原町芹町地区などには伝統的な町家が残っているため、格子を設けている町家も多く確認できる。また、江戸時代は足軽組屋敷だった芹橋地区にも多くみられたが、これは明治時代以降、足軽住宅に代わって長屋が建てられたことに関係していると思われる。なお、この調査では、おおむね戦前までの町家を調査対象とし、明らかに改造された後の格子は調査対象から除外されている。

この調査により、彦根町家の格子による店構えは、意匠の違いから以下の三つに分類することができた。

まず、Aタイプは、開口部を一つの格子にしているもので、九六軒（約六二％）を占めた。エリアごとに

彦根町家の格子の分類（意匠）

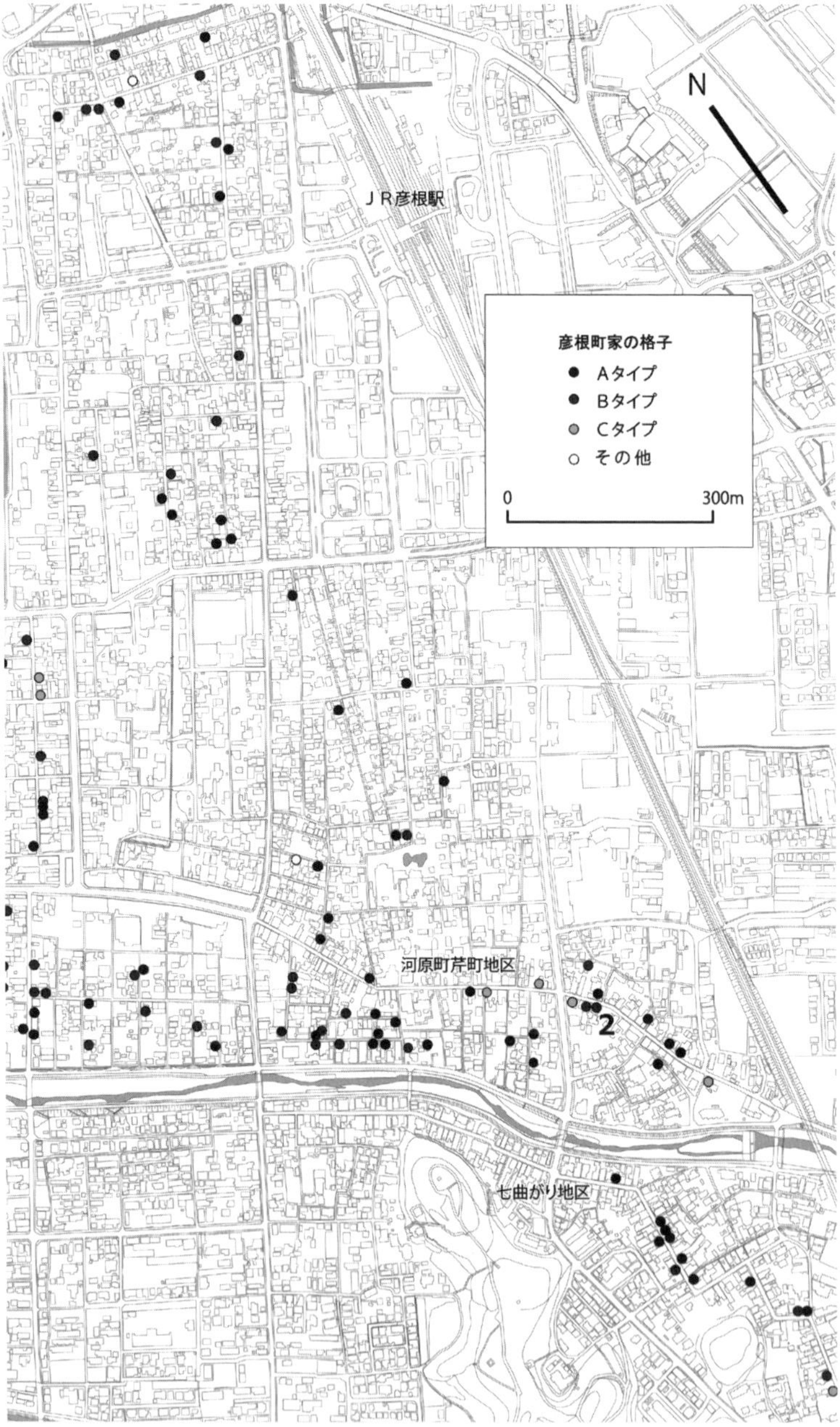

彦根城下町の町家の格子（東側）

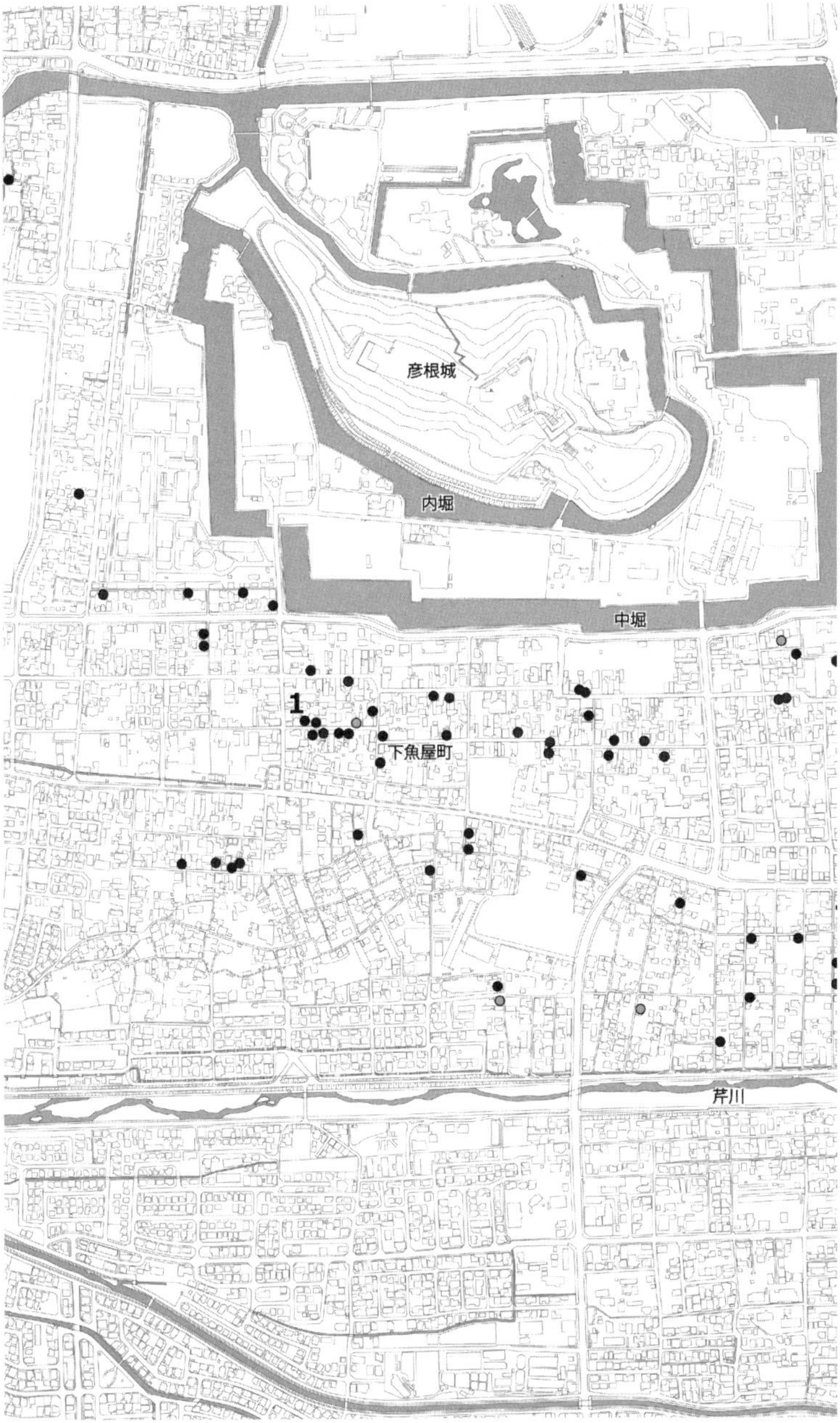

彦根城下町の町家の格子（西側）

見ても、内町・外町ともにAタイプが半数以上を占めている。そのようなことから、Aタイプが彦根町家の標準的な格子といえよう。その意匠としては、竪子《たてこ》（格子を構成する縦方向の部材）が上下に通らず、上部の一部が切れている切子《きりこ》格子、竪子を開口部の上下に通し、太い竪子と細い竪子を組み合わせた親子格子、竪子と空きの幅が同じになっている小《こ》間返《まがえ》し格子、竪子の空きを三・五～四寸にして小間返し格子よりも荒くした連子《れんじ》格子などがあるが、このうち、切子格子や連子格子が多く見られる。なお、町家の店構えに、異なる意匠のAタイプの格子が設けられている場合も見受けられたが、間口の大きな町家に多く、たいていは同じ意匠の格子で統一されている。

　Bタイプは、仕舞屋《しもたや》格子と呼ばれるもので、柱間のほぼ内法高《うちのりだか》のところに中敷居《なかじきい》を置き、上部は外をうかがうのに便利なように目の粗い格子を使用し、下部は細い竪子を割り付けるものが多く、四六軒（約三〇％）であった。Bタイプの下部の格子は、小間返し格子や親子格子が

切子格子

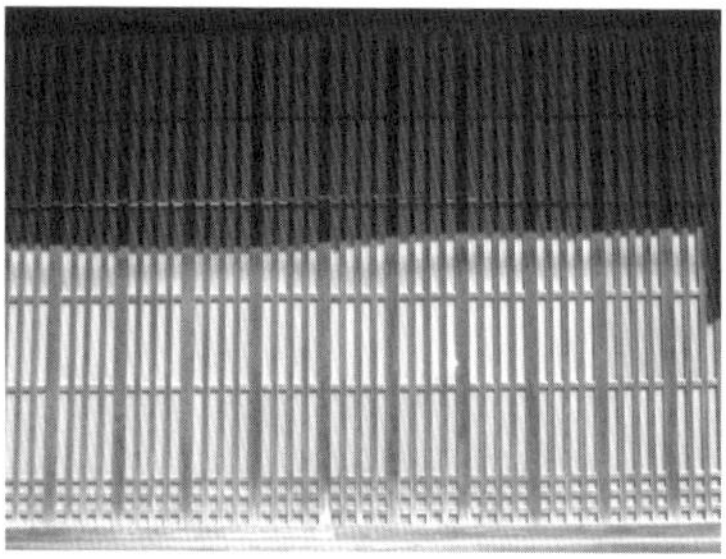
親子格子

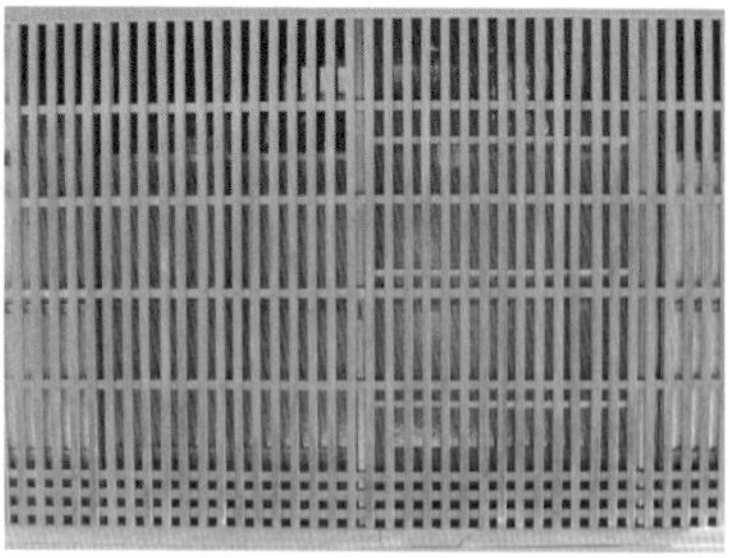
小間返し格子

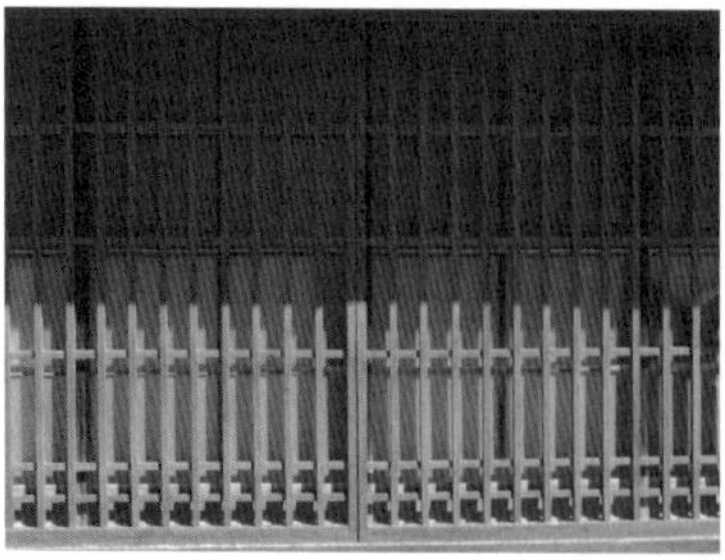
連子格子

多く見られたが、薄い板状の竪子を使用して竪子より空きの幅を非常に狭くし、貫《ぬき》（横材）に太鼓鋲《たいこびょう》で留めている目板《めいた》格子も見られ、外から見えにくいよう隙間の小さな格子で構成されているものが多かった。一方、上部の格子は、等間隔に並べられた竪子の中央に二本の貫を入れたものが多かった。この二本の貫は、直線状のもの、空きの中央部だけ細くしているものが多く見られるが、上部の貫が雲のような装飾となっていたり、松・竹・梅の形に切り抜いた板状の横材を用いた格子も見られた。このように、Bタイプの上部は非常に装飾性の高いものが多い。なお、Aタイプ同様、町家の店構えに異なる意匠のBタイプの格子が設けられている場合も見受けられた。

Cタイプは、町家の店構えに、A・Bタイプの格子が混在しているもので、一〇軒（約六%）となる。このうち、町家の上手側の店構えにBタイプ（小間返し格子）、下手側にAタイプ（連子格子）が使用されている町家が多く見られる。なお、Aタイプ、Bタイプともに、町家の

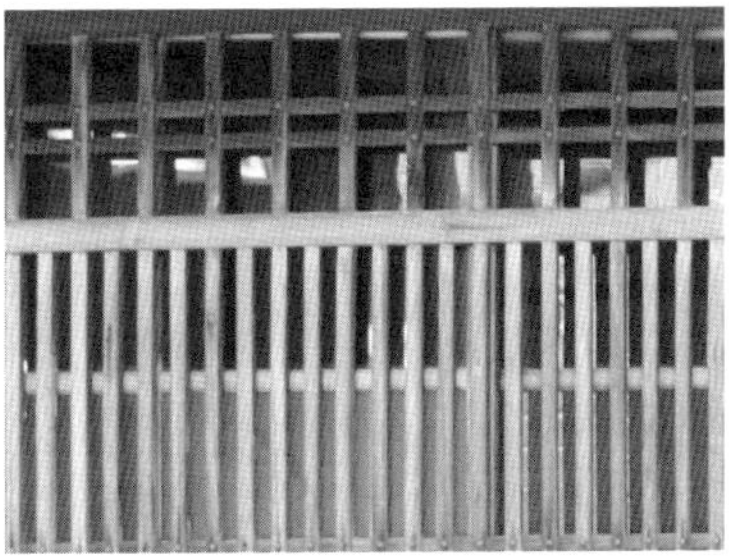
仕舞屋格子・貫（直線）

仕舞屋格子・貫（曲線）

仕舞屋格子・貫（雲）

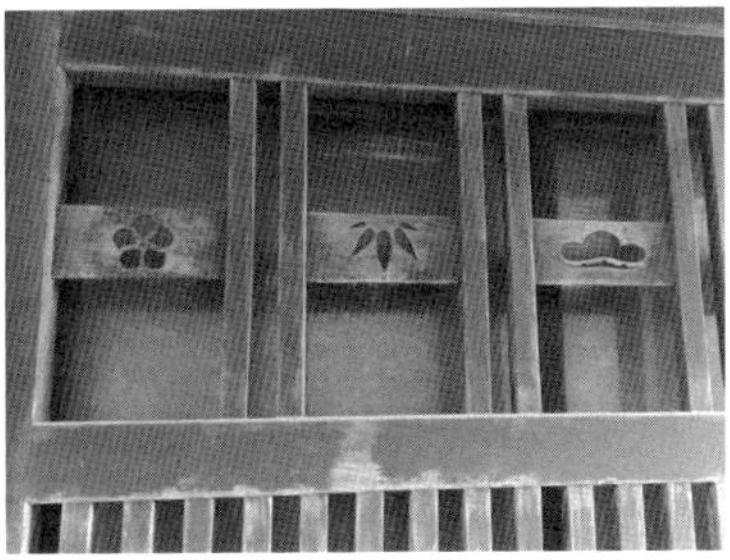
仕舞屋格子・貫（松竹梅）

店構えに異なる意匠の格子が設けられた場合、上手側の格子は竪子の空きが狭く、下手側が広いという傾向があるが、Cタイプも同じことが格子の種類からみてとれる。また、調査した彦根町家一五四軒のうち、三六軒が長屋形式の町家であったが、その店構えはAタイプの連子格子や切子格子で竪子の空きの広いものが多い。そのため、彦根町家の格子では、「Bタイプが Aタイプより格式が高い」、「竪子の空きの狭いものが格式が高い」、ということができる。

　一方、河原町芹町地区の東側、**芹町にある町家**（2）は、西側の二列六室部分に東側の一列三室部分を増築したものであり、建築年代が江戸時代末期と推定される町家である。最初に建った町家の西側部分の店構えは、上手側は出格子《でごうし》、下手側は平格子《ひらごうし》、であるが、どちらもBタイプの仕舞屋格子である。現在、上手側格子の下部は下手側に比べて格子の竪子の空きは広く、前述の彦根町家の格子の法則に当てはまらない。しかし、上手側の格子をよく観察すると、竪子を一本おきに間引いた痕跡に気づく。これによりこの町家の店構えを復原すると、上手側の格子は目板格子で、下手側よりも竪子の空きが狭かったことになる。おそらく、町家建築後の生活の変化の中で、日当たりや風通しをより良くするために竪

芹町の町家

芹町の町家・竪子の痕跡

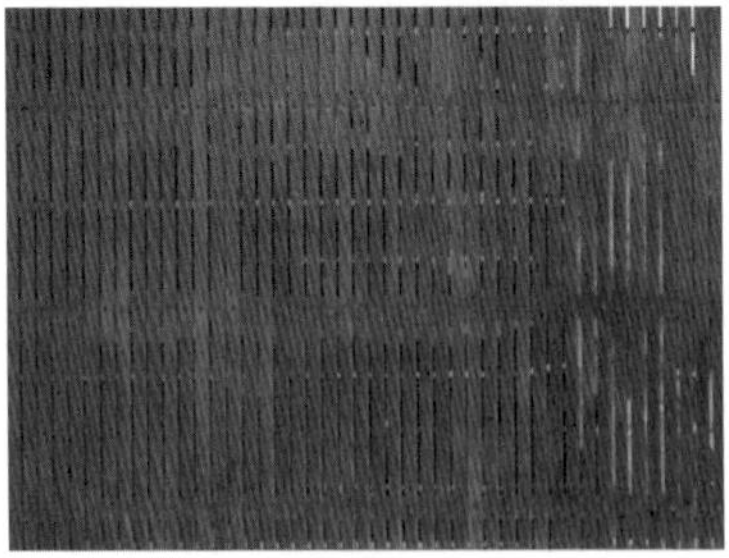
目板格子

子を間引いたと考えられる。格子が、この町家の生活の歴史を物語っている、といえよう。

彦根町家の今後

現在、国の重要伝統的建造物群保存地区である河原町芹町地区を筆頭に、旧魚屋町界隈や七曲がり地区など、彦根城下町の面影を残す町並みが点在している。また、彦根市内に視点を広げれば、かつて中山道の宿場町であった高宮や鳥居本も伝統的な町家が多く残っているといえよう。

近年、このような町家を改修してまちづくりに活かす事例も増えてきており、その際に町家の店構えがきれいになることがあるが、彦根町家の伝統的なたたずまいとは異なるものもいくつか見受けられる。今後も彦根城下町の町並みをよい形で継承していくためには、彦根町家の格子にも目を向け、今後の町家の保存・修景に役立ててもらえればと思う。

河原町芹町地区の町並み

参考文献

・石川慎治『近江の古民家　―素材・意匠―』（サンライズ出版、二〇一七年）
・彦根市教育委員会編『彦根の民家　彦根市民家調査報告書』（彦根市教育委員会、一九八〇年）
・山田奈津美『彦根城下町における町家の格子に関する考察』（滋賀県立大学卒業論文、二〇一九年）

図版出典

旧広田家住宅・平面図
彦根市教育委員会編『彦根の民家　彦根市民家調査報告書』（彦根市教育委員会、一九八〇年）四八ページ「図28　旧広田家住宅図面(1)」

上記以外の図は、すべて筆者作成・撮影。

9 循環する時間・再生される祭り
― 苗村神社三三年式年大祭 ―

横田祥子
Sachiko Yokota

苗村神社と九村

苗村《なむら》神社（1）は滋賀県竜王町綾戸に鎮座する神社で、三三年に一度、式年大祭が行われている（図1）。直近では平成二六年（二〇一四）一〇月一一日から一三日にかけて、式年大祭が執り行われた。

苗村神社の式年大祭は、「三十余《さんじゅうよ》郷《ごう》」と呼ばれる周辺集落の参加により行われている。その中でも「九《く》村《むら》」と呼ばれる諸集落は、大祭の組織運営から奉納芸能に至るまで中心的な存在で、竜王町ならびに近江八幡市浄土寺町まで広がっている。平成二六年時点で九村は、**島村**（2）・**神戸**（**鵜川**）（3）・**殿村**（**川守**4・**岩井**5）・**子之初内《このはうち》**（**綾戸**6・**田中**7）・**奥村**（**林**8・**庄**9・**浄土寺**10）・**川上村**（11）・**駕輿丁**（12）によって構成されている（図2）。

本章では、三三年に一度しかない式年大祭の概要と祭礼の変化について、平成二六年の実施状況をもとに

図1　苗村神社楼門

1 苗村神社　2 島村　3 神部(鵜川)　4 川守　5 岩井　6 綾戸　7 田中　8 林　9 庄　10 浄土寺　11 川上村　12 駕輿丁　13 西川　14 小口　15 農村運動公園　16 橋本　17 薬師　18 岡屋　19 山中 20 山之上　21 宮川　22 宮井　23 葛巻　24 外原　25 新巻　26 倉橋部　27 上畑　28 東川　29 弓削　30 信濃　31 須恵　32 山面

図2　三十余郷と九村

紹介したい。そして次回二〇四六年には是非みなさんで大祭を見届けていただきたい。

苗村神社の祭礼

苗村神社概要

苗村神社は、県道五四一号線を挟んで東西二つの本殿から構成されている。東本殿は、那牟羅彦神、那牟羅姫神を祭神とし、かつては「長寸神社」と記されていた。

西本殿は安和二年（九六九）大和国吉野金峯山より国狭槌尊を勧請して創建されたと伝えられている。現在の東本殿は、室町時代に再建されたもので、重要文化財に指定されている。また、西本殿は棟札の記録から平安時代の建立と考えられており、昭和三〇年（一九五五）に国宝に指定されている。そのほか、八幡社本殿、十禅師社本殿、楼門、神輿庫、東本殿が重要文化財に指定されている。

祭礼と集落

苗村神社には多くの行事があるが、特に重要なのが四月二〇日の例祭、五月五日の節句祭ならびに八月三日の夏祭りである。例祭と節句祭は、九村が中心になり執り行われている。

例祭は四月一四日の七日参りから始まり、各集落の当屋が神社に参拝し、お祓いを受ける。当屋は毎日神社を参拝する。一九日の前日はミハヤマ神事が行われ、子之初内二人、殿村二人、神部二人、駕輿丁一人の七名が、二手に分かれ三十余郷の外周を周る。二〇日は三十余郷氏子代表が本殿祭に参列する。各集落の当屋宅や集会所で、「シュウシ」（宴会）が行われたのち、当屋一行が苗村神社へ渡御を行う。前年度の当屋から引き継がれた木製の大太刀、幣をつけた竹、神輿担ぎ役、警固役が行列に並ぶ。当屋は烏帽子に白装束を身につけ、馬に乗って渡御を行う。苗村神社到着後、本社参拝後、再び酒宴が設けられる。

その後、岩井の御旅所に向け渡御が行われる。太鼓（川上）、面鉾（殿村川守）、獅子頭（奥村）は、毎年括弧内の集落が持つことになっている。それ以外、剣鉾（一人）・太刀

図３　古式催しでの川上の奉納

三振（三人）は、神部、殿村（川守・岩井）、子之初内、奥村、川上、駕輿丁、島村、殿村川守の順に、年ごとに持つ順番が決められている。社名旗をどの集落が持つかは、毎年決定されるようである。

　また拝殿前桟敷は、拝殿に向かい、神輿、左列前より子之初内、駕輿丁、島村、神部、右列前より奥村、殿村、殿村、川上村と配置されている。また、御旅所における桟敷では、神輿、その前に左に神官、右に「きりょう」、神官後ろに巫女が並び、その後九村は拝殿前のときと同じ列順に並ぶ。

　このような例祭に見られる九村の秩序は、三三年に一度の式年大祭においても基本をなしている。

平成二六年の式年大祭

大祭一日目—苗村神社境内

　朝、九村の人々は御榊とともに、古式装束や甲冑を身に着け、太鼓や笛、山車とともに各集落から苗村神社まで渡御を行った。続いて古式催しとして、①島村集落（せんにち渡りの踊り）、②殿村川守（猩々踊《しょうじょうおど》り・せんぎり囃子）、③殿村岩井（豊年踊り・鎧兜行列で参列）、④子之初内田中（ころころこ踊り・春日囃子・稚児踊り）、⑤子之初内綾戸（人形芝居・ころころこ踊り）、⑥奥村（田刈り踊り・志っぽろり）、⑦川上村（鷺ばやし）、⑧駕輿丁村（お囃子・ケンケト踊り）をそれぞれ奉納した。

　①②の後に、本殿祭が執り行われ、宮司、九人の神官、二人の巫女、献幣使などが本殿祭に参加した。献幣使は、滋賀県神社庁長が務めたほか、神官は蒲生郡の各神社の神官や宮司と親交が深い県内の神官

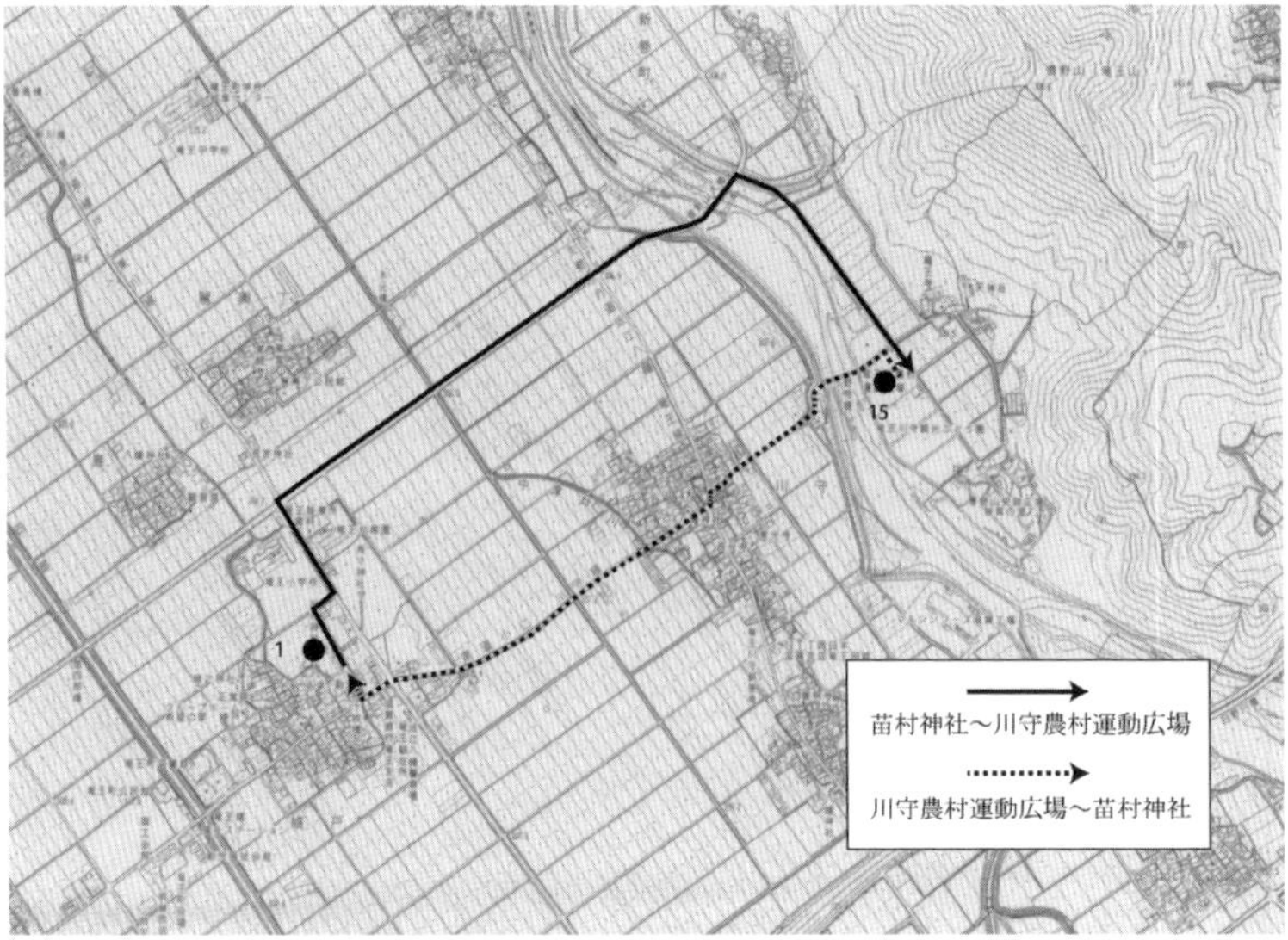

1 苗村神社西本殿　15 農村運動広場

図４　渡御経路

が務めた。

午後二時からは子ども神輿四基を林、**西川**（13）、鵜川、**小口**（14）の子どもたちが担いだ。続いて、大和一宮大美和氏子青年会和太鼓大美和の演奏、馬場前広場にて、五穀豊穣を祈願した餅まき、拝殿前にて氏子の九村、余郷のうち六集落による大太鼓の演奏が奉納された。

大祭二日目—御旅所への神幸、苗村神社への還幸

二日目は、一日目同様、九村の山車、囃子方、踊り子が各集落から苗村神社に向かった。神幸の儀が執り行われた後、総勢千人ほどが苗村神社を出発し、竜王小学校横から雪野山ふるさと街道、雪野山大橋で日野川を渡り右折し、今回の御旅所である農村運動広場（15）へと渡御を行った（図４）。

行列は**橋本**（16）「きりょう」を先頭に祓王である神官、巫女が続いた。さらに、三十余郷氏神神社として**薬師**（17）、**岡屋**（18）、小口、**山中**（19）、**山之上**（20）、西山、**宮川**（21）、**宮井**（22）・**葛巻**（23）、**外原**（24）、**新巻**（25）、**倉橋部**（26）、**上**

畑（27）、東川（28）、綾井、弓削（29）、信濃（30）、須恵（31）、山面（32）、西川、神戸（鵜川）、川守、岩井、綾戸、田中、浄土寺、庄、林、川上、駕輿丁、島の各神社が、それぞれ社名旗、御榊奉持者、警固二名の計四名ずつ、行列を作った（図2）。

　神紋が描かれた「辛櫃」を担ぐ者二名、馬に乗った神職（陪膳）、楽人五名、太鼓を運ぶ者、苗村神社社名旗、大榊、御神宝である面鉾、獅子頭、剣鉾を持つ者が一名ずつ、太刀三振は三名が持ち列に続いた。白馬に乗った神官、苗村神社の三基の神輿、馬車に乗った宮司、「鵜川殿」の当主と駕籠に乗った姫、傘持ち、警固、大祭委員長、関係者、余郷渡御催しをする山之上集落の一行七〇名、九村の一行（島村の馬、神部、島村、殿村、子之初内、奥村、川上村、駕輿丁村）が続いた（図5）。

　御旅所である農村広場では右側に宮司以下神職、神輿が並ぶ大テントが張られ、その両脇に「鵜川殿」の席、「きりょう」の席が配置された。催し物が披露される中央を空けて、各集落のテントが前後して並べられた。

　「鵜川殿」とは、鵜川集落にある

図5　神幸行列

図6　御旅所で奥村の奉納

図7　鵜川殿の桟敷席

鵜川家に与えられた特別な権威、そして桟敷席のことを指している。鵜川家伝来の古文書によると、鵜川家は豊臣秀吉の時代以前に多くの知行地を持ち、この地を支配していた六角家を先祖に持つという。近世以降、「〇〇殿」としていくつか桟敷席が設けられたが、平成二六年（二〇一四）時点では鵜川殿だけとなっている（**図7**）。

二日目の古式催しでは、一日目と同じ順番で、①から⑦の芸能の後に、⑧山之上集落により長刀踊り（国選択無形民俗文化財）が加わった。

農村運動広場での古式催しは、一日目よりも多くの見物客が訪れ、大祭は最高潮に達した。その後、還幸の儀が執り行われ、野寺橋を渡り川守集落へ進み、苗村神社へ向かった。一行が境内に入ると、山之上の仕舞振りが奉納された。そして宮司により祝詞が奏上された。

神幸の儀開始後、神社拝殿では古武道の九鬼神流顕彰会が古武術を、弥栄雅楽会が蘭陵王《らんりょうおう》の舞曲を奉納した。他方、広場の特設ステージでは、竜王町文化協会のサークルによって奉納芸能が披露された。還幸の儀終了後、広場にて餅まきが行われた。

大祭三日目―奉告祭・稚児行列

大祭三日目は、予定では山車や芸能の奉納、稚児行列が行われるはずであったが、台風の接近により大幅に変更して行われた。

古式催しとして、①川守（せんぎり囃子）、②田中（春日囃子・稚児舞）、③綾戸（人形芝居）、④川上（鷺ばやし）のみ奉納された。

稚児らは、小口の竜王町公民館から苗村神社まで稚児行列を行う予定であったが、台風のためバスで移動した。稚児らは、宮司が祝詞をあげたのち献花を行った。

最後に大祭終了奉告祭が行われ、大祭委員、各自治会長、関係者が参列した。修祓、宮司一拝、献饌の儀、祝詞奏上、神楽奉納ののち、宮司と大祭委員長から玉串奉奠が行われ、撤饌の儀を以て大祭は終了した。

三三年式年大祭の伝統の継承と創造

今日のかたちになるまで

式年大祭が三三年間隔で実施されるようになったのは、『近江蒲生郡志』によると慶長四年（一五九九）とされているが、そうした記載のある史料はまだ見つかっていない。文書に基づく開催年月日は、**表1**の通りとなる（滋賀県立大学人間文化学部苗村神社三十三年式年大祭調査団　二〇一五：二二八）。

渡御行列の原型は、寛文二年（一六六二）の式年大祭に関する史料に認められるという。馬一〇頭、甲冑六〇人以上、山車五基との記載があり、平成二六年の式年大祭では数が減っているものの、基本構成は受け継がれている（調査団　二〇一五：二三四）。

平成二六年時点では、式年大祭は三日間にわたり行われているが、これは大正七年（一九一八）の式年大祭から開始されたものである。大正七年の式年大祭から、大祭開催日は

表1　式年大祭の開催年月日

開催年	西暦	月	日	典拠文献例
（慶長4年）	1559			未発見
（寛永7年）	1630			未発見
寛文2年	1662	9	4	苗村神社文書
元禄7年	1694	9	2	川守区有文書
享保11年	1726	9	3	島区有文書
宝暦8年	1758	9	4	島区有文書
寛政2年	1790	9	2	鵜川正幸家文書
文政5年	1822	9	3	島区有文書
嘉永7年	1854	9	4	鵜川正幸家文書
明治19年	1886	10	1	苗村神社文書
大正7年	1918	10	12～14	苗村神社文書
昭和25年	1950	10	12～14	苗村神社文書
昭和57年	1982	10	10～12	苗村神社文書
平成26年	2014	10	11～13	

旧暦九月八日に合わせて設定され、一日目は幣帛共進式、二日目は神幸式、三日目は終了奉告式とすることが決定された。

　また、大祭の運営組織の組織化も進められた。社司、氏子総代、九村世話係、氏子三十余郷区長および関係する四村が召集され、選挙により大祭委員九名が選ばれた。関係村長四名に評議員を、三十余郷区三〇名に世話係を嘱託することが決まっている（調査団　二〇一五：二五七）。

　そのほか、一日目に神社境内にて幣帛共進式を執り行う際に、各集落より芸能が奉納されるようになっている。幣帛共進式には、滋賀県知事を始めとして貴族院議員や衆議院議員、県会議員、町村長、警察署長、小学校長など多数の来賓を招くようになった。芸能の境内での披露は、来賓に披露する意味合いもあったのかもしれない。

　次に昭和二五年（一九五〇）の式年大祭では、各集落の神社が神幸する際には榊を奉ずること、氏子総代や青竹を持った警固が参列することが加えられており、これも平成の式年大祭に受け継がれている。また、この式年大祭から、殿村は川守と岩井に分かれて参列するようになっている。川守は、旧新村の八幡山とせんぎり囃子を受け継ぐようになった。ほか、山之上と宮川集落の希望で、「催物　番外」としてはじめに山之上がなぎなた踊りを、宮川がケンケト踊りを披露している（調査団　二〇一五：二六四）。

　昭和五七年（一九八二）の式年大祭は、平成の式年大祭とほぼ同じ内容になっている。昭和二五年の式年大祭と比較すると、子ども神輿や餅まきが一日目に新たに加えられるようになっている。また、山之上、宮川は、昭和二五年には一回限り参加を認められた形であったが、昭和五七年には二日目の催しとして定着している。ほか、三日目は奉告祭のみであったのが、境内における奉納芸能と稚児行列が加えられている。

　このように、平成の式年大祭は大正時代以降、回を追うごとに現在の形に近くなっている。大正時代に大祭委員会の組織化が図られ、昭和二五年には県知事や代議士を招待するなど、竜王町の公式行事的位置付けがなされたと考えられる。またこのとき、山之上・宮川集落が奉納芸能を認められている。その理由は定かではないが、式年大祭の伝統を創造する動きが認められ興味深い。

昭和五七年の式年大祭では、子ども神輿や稚児行列が加えられていることから、子どもの参加をさらに意識するようになったと考えられる。

式年大祭への参加―奥村の事例から

次に、九村の集落が式年大祭への参加においてどのような準備・工夫を行ったのかを奥村集落を例に述べておきたい。

奥村の祭礼集団

奥村は別名「三つ村」とも呼ばれ、林・庄・浄土寺の三集落からなる。苗村神社の春の例祭や節句祭では、林→庄→浄土寺の順に祭りの当番村が回る。平成二六年の春の例祭は林、節句祭は庄が担当し、平成二七年春の例祭は庄、節句祭は浄土寺が担当した。春の例祭の当番村は、トヤ（当屋・当家）を出すことができる。

一方、式年大祭の当番村は、通常と逆の順に回る。当番村は指揮役である「音頭取り」を出すことができ、渡御行列では最後尾につく。当番村は同時に大祭委員長を出さねばならない。昭和五七年は、林が当番村であったので、平成二六年は浄土寺が当番村となり、渡御行列は庄→林→浄土寺の順であった。

毎年の例祭・節句祭における当番村の順番を正とすると、式年大祭ではそれが逆順に回っていることになる。例祭・節句祭に対し、式年大祭は逆転した構造を呈しており、興味深い。

大祭参加に際し、奥村集落は宮座という祭祀のための年齢階梯制を持つ集団を基盤として、特別に組織化された（表2）。

宮座は長老衆（あるいはオトナ）を頂点とし、年齢・資格別に下位集団を持つ組織である。例えば浄土寺では、男性は家督を継いだり、父が長老衆に入ったりすると、「ムラニン」（村人）になれる。春の例祭でトヤ

表２　宮座組織・年齢集団の加入条件

	宮座組織		年齢集団		
	十人衆	長老衆（オトナ）	青年団	壮年団	老人会
林	30歳以下、10名	長男のみ、元老（88歳まで）、長老２名、中老10名。長老がトヤ就任後に元老に昇格	16〜25歳	26〜65歳	66歳以上
庄		定員４名、トヤ就任後加入、３年任期	13〜25歳	26〜69歳	70歳以上
浄土寺		長男のみ、定員４名、トヤ就任後加入。神社の掃除・管理	13〜結婚・30歳	任意	任意

を務めると、長老衆に入る＝オトナになることができる。オトナは四名が定員で、浄土寺にあり奥村集落にとって重要な天神社の祭礼に中心的に関わる。天神社では毎月祭礼が行われており、オトナには山上の拝殿からふもとの拝殿までを掃除するという役割が割り当てられている。また、奥村各集落には、ほかにも年齢別の集団がある。これは宮座を一部支えているが、次三男にかかわらず加入でき、宮座とは異なる性格を有している。

表３は、平成の式年大祭における役付け表と、各集落に割り当てられた人数を示している。役付けは、浄土寺と林では長老衆への加入・年齢を考慮して行われている。浄土寺では、平成二六年の大祭で音頭取り、鉾持ちから獅子頭担当者までが、ムラニンに当たる。林では、鉾持ち、社名旗、氏神榊、具足長刀の役職は、オトナが当たっている。また林の榊持ち警護、列奉行、笠鉾六名らは三〇歳以上の者で、道明け、道明け警護、榊持ち警護二名、列奉行、具足のうち五名の合計一〇名は「十人衆」が当たっている。そのほかは、宮座組織の加入にかかわらず割り当てている。

他方、庄では各イエに一つずつ役職を割り当てており、ほかの二集落とは割り当て方法が異なる。奉納芸能については、担当している庄・林とも宮座組織への加入にかかわらず、小学生以上大学生までの若者に役を割り当てている。以上から、長老衆の式年大祭における役割をうかがい知ることができる。

表3　式年大祭における役付け　（単位：人）

役付け			浄土寺	庄	林
1	音頭取り		1		(1)
2	鉾もち		2 (2)	2 (2)	2 (2)
3	道明け		1 (1)		1 (1)
4	道開け警護				1 (1)
5	各氏神社名旗		1 (1)	1 (1)	1 (1)
6	各氏神榊奉持者		1 (1)	1 (1)	1 (1)
7	榊奉持警護		1 (2)	2 (2)	2 (2)
8	列奉行			(1)	1
9	具足	鎧　寄棒	1 (2)	2 (2)	3 (2)
		鎧兜　長刀	1 (2)	2 (2)	3 (2)
		鎧　烏帽子　弓矢	1	2	3
10	長柄の鎌		4	6	6
11	田刈		0 (2)	2 (2)	4 (2)
12	志っぽろり		0 (2)	1 (2)	5 (2)
13	笛		1 (1)		1 (1)
14	鉦		1 (1)	1 (1)	1 (1)
15	大胴		1 (1)	1 (1)	1 (1)
16	大太鼓			1 (1)	
17	笠鉾（三基）・大太鼓綱引き		4	6	6
18	獅子頭		1		(1)
19	籠（平成24年新規）		1		
	合　計		23 (28)	30 (31)	42 (34)

注）括弧内は昭和57年式年大祭の役付け人数。合計は当番村につく役職を除いた人数を示す。

ゆるやかに創られていく大祭

奥村の大祭組織は、大祭委員長、音頭取りは浄土寺が、そのほか副委員長は林、庄一名ずつ、総務部会、踊り部会、衣装部会は各集落二名ずつというように、三集落が均等に負担する割り当てとなっている。その均分負担は、渡御行列の祭具作成にも表れている。笠鉾三基を各集落で用意しなければならなかったが、自主製作するか業者に委託し製作してもらうか、集落ごとに異なった。また、笠鉾のデザインも、各集落の創意工夫に委ねられた。例えば、林集落では笠鉾の構造部分を、一

図8　奥村の傘鉾

部鋼管を使用したことから傘を支える骨をなくしたり、前回半円状であった笠を平らにしたりするなど改良した。庄集落では、前回の式年大祭の写真を見て、笠鉾のかさの布にタックを入れながら布付を行ったが、ほかの集落ではタックは入れられなかった。結果、三集落めいめいの笠鉾が出来上がった（図8）。

大祭に向けた準備において、特に腐心されていたのが芸能の復元であった。奥村集落は、田刈り踊りと志っぽろりという二種類の踊りを奉納することを担っている。平成の式年大祭では、林と庄の小学生の踊り子一二名（男児九名、女児三名）と各集落から出された鉦と大胴が各三名、笛二名、大太鼓一名で構成された。本番では、列奉行の拍子木と音頭取りの掛け声で踊ることになっていた。

踊りの指導は、昭和五七年の式年大祭経験者と踊り部会員が担当したが、指導役の男性らは、田刈り踊りの踊り手ばかりで、志っぽろりの経験者はいなかった。田刈り踊りの動作はおぼろげながら記憶していたが、志っぽろりについては、前回の大祭の「苗村神社式年大祭斎行奥村記念行事記録」という文字資料や、わずかに残されていた映像に頼ることになった。三三年という時間は、記憶をどうにか保てる限界のようである。

芸能に比して写真に残る衣装は、再現しやすそうだが、こちらはむしろ外的要因による影響を受けている。渡御行列、奉納芸能においては、古式に則った衣装を身に付ける。平成の式年大祭では、古式衣装を貸し出す高津商会から一括して衣装を借りた。高津商会は、昭和五七年の写真を見ながら、在庫の中から種類の相当する衣装を提案した。当然、色や柄まで同じというわけにいかない。高津商会は映画・テレビ撮影のほか全国の祭りに衣装を貸し出しており、いわば二〇一四年における古式衣装の「トレンド」が用意された。

このように、奥村集落における大祭の組織や準備状況を見ると、先例に即しながらも細部においては柔軟な創意工夫がなされている。平成の式年大祭で見られた大きな変化としては、三集落間の負担が少子化、人口減少の進行状況に応じて、傾斜配分されたことである。また、芸能の復元については、昭和五七年の大祭に比して、平成の大祭ではより詳細な記録を残すことを目的に、大祭委員会ならびに滋賀県立大学調査団が調査を行い、報告書を刊行している。これは、次回の大祭において、芸能の継承・復元に利するものである一方、口伝により受け継がれる際のゆるやかな創造性を縮小させる可能性がある。また、貸衣装を通じて古式衣装のトレンドを受け入れていることは、後世に「伝統」として理解されるものには、実は時代性が存分に反映されていることを物語っている。

二〇四六年式年大祭を見に行こう

三三年に一度循環する式年大祭は、少子化・人口減少に直面しながらも、創意工夫の上に伝統を継承させている。今回取り上げた奥村以外の集落でも、芸能の隊列を変更したり、子どもの参加条件を集落外へ嫁いだ娘の子どもにまで拡大したりしている。次回二〇四六年の式年大祭にも、今後の社会変化を受け、また新たな対応が生み出されていることと思われる。式年大祭、あるいは毎年の例祭に出かけ、三十余郷が江戸時代より守り続けてきた荘厳な祭礼を是非実地にご覧いただきたい。

参考文献

小森大三郎『なむらの宮　三十余郷神社誌』(苗村神社、一九八二年)
滋賀県立大学人間文化学部苗村神社三十三年式年大祭調査団編『苗村神社

三十三年式年大祭調査報告書』（竜王町教育委員会、二〇一五年）
関沢まゆみ「第二章　宮座の長老衆と年齢秩序」（『宮座と墓制の歴史民俗』吉川弘文館、二〇〇五年）
高橋統一『宮座の構造と変化　祭祀長老制の社会人類学的研究』（未来社、一九七八年）
肥後和男『近江における宮座の研究』（東京文理科大学一九三八年、一九九三年復刻版、冬至書房）
竜王町奥村『苗村神社式年大祭斎行奥村（三つの村）記念行事記録』（一九八二年）

図版出典

図1：筆者撮影。
図2：『調査団報告書』二〇一五：二四を一部改変。
図3：筆者撮影。
図4：『調査団報告書』二〇一五：四〇を一部改変。
図5・6・7・8：筆者撮影。

10 城館・神社・忍者
―甲賀郡中惣《こうかぐんちゅうそう》の世界―

東 幸代
Sachiyo Azuma

甲賀を案内するなら？

歴史家として甲賀を案内するなら、読者のみなさんをどこへ連れていくとよいだろうか？

滋賀県立大学に着任する以前、筆者は甲賀の魅力に気づいていなかった。もともと水辺の研究をしていた眼は琵琶湖に向いており、甲賀に眼を向けることがなかったからだ。

しかし、水口藩主加藤家の古文書を調査したり、市の文化財関係の委員をつとめたりするなど、甲賀を知る機会が次第に増えた。また、個人宅の古文書を利用して、ゼミ学生が卒業論文を書かせていただくご縁も生まれた。『甲賀市史』の執筆にかかわったことも、甲賀を知るさらに良い機会となった。

甲賀は、知れば知るほどおもしろい。連れていきたいところは山ほどある。――かと言って、案内役を放棄するわけにはいかない。やはりここは、みなさんが関心を持っているであろうあの話題から始めよう。

日本遺産に認定

二〇一七年、甲賀市と三重県伊賀市が申請者となった「忍びの里　伊賀・甲賀―リアル忍者を求めて―」が、「日本遺産《Japan Heritage》」（「地域の歴史的魅力や特色を通じて我が国の文化・伝統を語るストーリー」）に認定された。

テーマを一見すると、「忍者」が前面に押し出されたストーリーであることが明瞭である。しかし、歴史家としては、その構成文化財群のなかに、「甲賀郡中惣遺跡群《こうかぐんちゅうそういせきぐん》」が含まれることに注目したい。

甲賀郡中惣遺跡群は、二〇〇八年に国史跡に指定されており、甲賀の歴史的特質を如実に物語る。

甲賀郡中惣遺跡群

まず、この遺跡群を構成する要素を紹介したい。甲南町の新治《しんじ》地区に所在する寺前《じぜん》城跡・村雨《むらさめ》城跡・新宮城跡・新宮支城跡・竹中城跡である。当該地区は近世の村でいうと新宮上野村・倉治村という二村である。

彦根城や姫路城など高い石垣、水堀、瓦葺きの建物などを備え、平地や低い丘に築かれているいわゆる近世城郭を連想した読者には、城が密集する景観が想像できないかもしれない。新治地区の城とは、こうした近世城郭ではなく、戦国期に築かれたいわゆる中世城館なのである。

新治地区に限らず、甲賀の城は、約五〇m四方の方形を基本とし、周囲に高く厚い土塁と堀を巡らす「単《たん》郭方形《かくほうけい》四方土塁囲み」を基本構造とする「土の城」である。また、集落内や丘陵の端部などを利用して築かれており、「里山《さとやま》の城」と言ってもよいだろう。戦国期の甲賀全域を見渡せば、二〇〇を超える城館が築かれていたと推測されており、そのうち、現在遺構が確認できるものだけでも一八〇余を数える。

図1　村雨城跡・寺前城跡遠景

数年前、大学のフィールド・ワークの一環として、一回生諸君とともに村雨・寺前城跡を現地踏査したが、学生たちは、突然眼前にあらわれた粘土層を利用した高く厚い土塁に圧倒されていた。両城跡は日本遺産の構成文化財として、前面にユニークな忍者の顔出し看板が配されており、遠くからでも見つけやすい。また、甲賀市によって草刈り等の管理がされ、見学しやすくなっている。歩きやすい靴を用意し、健康増進を兼ねて歩いてみてはいかがだろうか。

図２　顔出し看板

地形の独自性

高密度で多数の城づくりがおこなわれた背景として、地形の特色と、この地で暮らす人々の歴史とを考えなければならない。甲賀の地は、一部に平野を有するものの、多くの集落が山間の斜面や、川沿いの河岸段丘、丘陵地が樹枝状に浸食された開析谷に点在する、滋賀県下の他市町ではみられない景観を有している。近畿や伊勢、東海地方を結ぶ要地にあり、主要な道が貫通していながら、「谷」ごとに小さな社会が存在する。それが、甲賀の地形の独自性である。

甲賀衆《こうかしゅう》の成長

特徴的な地形は、甲賀の歴史にも大きな影響を与えた。荘園が展開した平安時代には、甲賀にも荘園がおかれた。こうした荘園のなかから武士が台頭する。彼らは荘園の代官として成長し、次第に実効支配を強めた。中央で活躍する武家と結びついたり、幕府の御家人となったりする者も現れた。戦闘能力を蓄えた彼らは、在地に根を張り、村の活動を指導する国人（在地領主）や土豪と呼ばれる存在だった。史料上では、「甲賀衆」と記される。

地域の有力者が中央勢力と結びつくことは、当地が中央の動乱に巻き込まれる可能性をはらむ。応仁・文明の乱（一四六七〜七七年）以降、中央の政争に敗れ再起の力を蓄えるために、一時的に権力者が甲賀を頼る事例がみられた。都に近く三方を山に囲まれた甲賀は、外部からの侵入を容易に許さない地理的環境にあったためである。

　権力者が頼る勢力、と聞くと、甲賀の地に強大なる武力をもった武士が存在していたように思われるが、戦国期の甲賀には、そのような武士が存在したのであろうか。

戦国期甲賀の同名中《どうみょうちゅう》

　戦国期の地域支配のモデルといわれて思い浮かぶのは、支配・主従関係を基礎においた戦国大名のピラミッド型の組織である。同時期の近江国内には、北に京極氏、南に六角氏など、領国支配を展開する大名が存在し、全国に目を転じても、割拠する大名が覇権を争っていた。

　しかし、甲賀では、平等性・公平性を軸に安定的な地域運営を目指す自律的なヨコ型組織により地域支配がおこなわれていた。突出した権力者が現れなかったのである。

　甲賀の国人・土豪は、それぞれに惣領家（嫡子の継いだ家）を中心に同族集団を形成していた。これを「同名中」という。中心は一族であるが、構成員のなかには、血のつながりのない近隣の他家の土豪も含まれていた。自らの権益を守るためである。

　最古の史料で存在を確認できるのは、柏木《かしわぎ》地域を本拠地とする山中氏で、延徳四年（一四九二）の古文書を遺す。また、大原谷一帯を勢力下においた大原同名中は、「談合《だんごう》」と呼ばれた合議制を運営の原則としていたことや、武力紛争の際には地域住民全員の協力を求めていたこと、争いごとの際の調停などの機能を有していたことがわかっている。

　各同名中には、奉行と呼ばれる役職がおかれ、争いごとなどを取り扱っていた。山中同名中や大原同名中以外に、伴《ばん》同名中、美濃部《みのべ》同名中、佐治《さじ》同名中などがあり、戦国末期には一九を数えた。

　同名中の勢力範囲は、一つの谷筋全体に及んでいる。先にみた甲賀の中世城館の特色の一つに、高密度であるという点を述べたが、同名中によって谷を守るように城館が配置されていたのである。

甲賀郡中惣《ぐんちゅうそう》の形成

甲賀のユニークな点は、個々に自治をおこなう同名中の存在のみではない。同名中を基盤に、さらに広域の支配連合が形成された点である。もともと同名中は、近郷の同名中との密接な連携を維持しつつ存在していたが、そのなかから、柏木・水口・伴谷《ばんたに》地域に割拠した山中・美濃部・伴の三家の同名中が連合した「三方中《さんぽうちゅう》（惣）」といわれる組織が成立してくる。

この三方中は、地域における紛争の調停機能を果たすものであったが、戦国末期になると、より上位の裁定組織として、甲賀東部の国人・土豪の同名中が連合した「郡中惣」と呼ばれる組織が出現してくる。

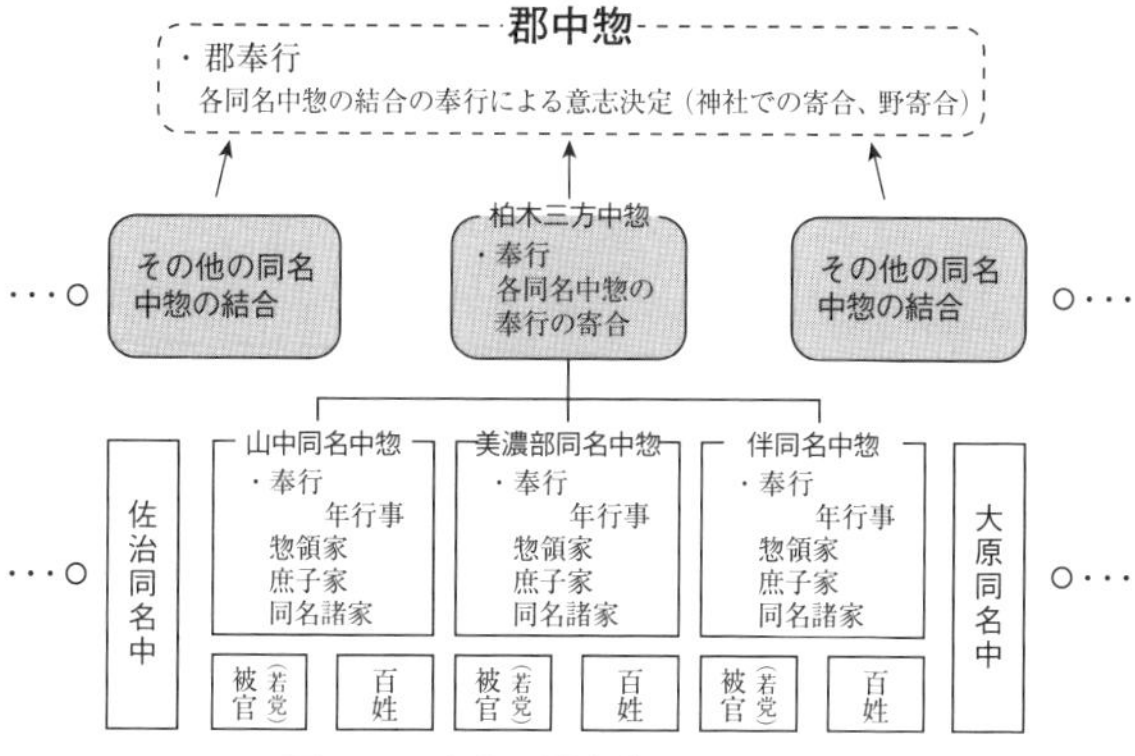

図３　同名中と郡中惣

郡中惣の役割は同名中と共通するが、同名中では解決できない甲賀と他郡や他国との境界争論、寺社勢力との争論、織田信長軍の侵攻といった外部からの圧力など、広域的な対応が必要な場合に登場する。彼らは神社などを寄合の場として結集した。

上図は、同名中、三方中、郡中惣の関係を図示したものである。一郡単位の地域行政が、こうした連合体のもとでおこなわれていたことは全国的にみても珍しく、現在に至るまで歴史研究者の注目を集めている。

拠点としての神社

現在の甲賀市域には、優れた神社建築が数多く残る。これらの神社のなかには、同名中や郡中惣の寄合の場などとして拠点となっていた、いわゆる郷鎮守社《ごうちんじゅしゃ》がある。甲賀衆の庇護を受け、ともにその歴史を刻んできた。

　日本遺産の構成文化財としても、「甲賀衆結束の鎮守の社」として、大鳥《おおとり》神社楼門、拝殿、中門ほか（国登録有形文化財）、矢川《やがわ》神社楼門（県指定有形文化財）、同神社境内地（国指定史跡）、新宮神社表門（国指定重要文化財）、檜尾《ひのお》神社本殿（県指定文化財）、柏木《かしわぎ》神社があげられている。

図４　葺き替え前の新宮神社表門

　甲賀町鳥居野の大鳥神社は、甲賀衆大原氏の氏神で、毎年八月三日に今も大原一族が氏神の前に集まり、大原同苗講《どうみょうこう》が続けられている。甲南町森尻の矢川神社は、杣一宮として周辺二二カ村の精神的な支柱となり、その門前では、元亀元年（一五七〇）に甲賀郡中惣によって争いごとの解決がおこなわれている。甲南町新治の新宮神社の表門は文明一七年（一四八五）に建てられた茅葺の八脚門である。周辺地域の大社であり、新宮郷九カ村の鎮守として広く信仰された。表門の屋根茅は近年葺き替えられている。水口町北脇の柏木神社は、柏木地域の伊勢神宮荘園の総鎮守で、地域の甲賀衆から信仰を集めた。甲南町池田の檜尾神社は、甲賀衆の一人、池田氏の氏神として信仰された神社である。

油日《あぶらひ》神社へ

　これら神社は、いずれも鉄道駅から近くはなく、かつ、各同名中の拠点であるため、神社間の距離が離れている。一日ゆったりと歩く時間をとり、城館跡や神社といった一つの同名中の世界を楽しむという方法も取りうるし、いくつかの優れた神社建築に的を絞って車で参拝するという方法も取りうる。

もしも一つだけ、神社を選んで参拝するとしたら――個人的な趣味で申し訳ないが、油日神社を訪れていただきたい。私自身が初めて参拝した際、その端正な美しさに息を呑んだ記憶がある。

油日神社は、JR油日《あぶらひ》駅の東約一・七kmにある油日岳の北西麓に鎮座する。山頂に油日大明神が降臨し大光明を発したので、「油日」の名が起こったという社伝を有する。山頂には岳大明神《だけだいみょうじん》の奥宮が祀られ、奥宮に対する里宮が油日神社である。

「甲賀の総社」と呼ばれており、現在では全国油業界の信仰も厚い。明治維新までは神仏習合の色彩が濃く、室町時代の絹本著色《けんぽんちゃくしょく》十一尊《じゅういっそん》蔓荼羅図《まんだらず》、千手観音三尊蔓荼羅図などが保存されている。

正面の参道から見ると、永禄九年（一五六六）建立の楼門と回廊、様式から慶長（一五九六～一六一五年）頃の建造と推定される拝殿、明応二年（一四九三）再建の本殿が一直線に整然と並んでいる。これらの建築年代をみると、今、われわれが目にできる同社の景観は、中世の人々がみた景観とほぼ変わらないといえる。いずれも重要文化財に指定されている建造物だが、このようにまとまって一境内に現存しているのは、滋賀県下でもきわめて珍しい。

近年は、テレビドラマや映画のロケ地としても知られる。「ごちそうさん」、「わろてんか」、「居眠り磐《いわ》根《ね》」、「必殺仕事人」……耳にしたことがあるだろう。

見所は見事な建築だけではない。境内には「甲賀市甲賀歴史民俗資料館」が設置されており、民俗資料な

図5　油日神社楼門

ども展示されている（資料館のみ要予約）。白洲正子の随筆『かくれ里』の舞台ともなった神社である。

「甲賀ゆれ」と甲賀衆

織田信長の晩年になると、甲賀衆も天下統一戦争に動員されるようになった。さらにその後、彼らは豊臣秀吉に仕えるようになる。

天正一三年（一五八五）、秀吉は軍勢を率いて紀伊根来《ねごろ》寺・雑賀《さいか》一揆攻撃を開始し、甲賀衆も従った。秀吉が太田城の水攻めをおこなった際、甲賀衆も堤普請に従事する。ところが、彼らが担当した箇所で水漏れが発生し、そのため二〇名余が所領を没収され甲賀から追放されたのである。「甲賀ゆれ」、「甲賀崩れ」などと呼ばれるこの事件の前後には、他の甲賀衆の改易もなされた。こうして、甲賀郡中惣は解体され、終焉を迎えたと推定されている。

近世を迎えた甲賀では、残された同名中の構成員が兵農分離《へいのうぶんり》（武士と百姓との身分的、地域的分離政策）を迎えた。中世以降、多くの武士は地《じ》侍《ざむらい》として村落内に住み、直接農業経営にたずさわるとともに戦士としての役割を果たしていた。しかし、兵農分離によって、武士の都市集住がおこなわれるようになり、百姓の武器所持や移住の禁止が普及し、百姓と武士の分化が進められた。

「甲賀ゆれ」で残された甲賀衆の一部は、武士として主君に付き従って甲賀の地を離れ、一部は甲賀に残って百姓身分となった。このとき、既存の中世城館のうち、丘陵の先端部等に位置するものは遺棄されたと考えられる。そして、平地の城館に、在村を選んだ甲賀衆の末裔が居住を続け、現在に至るのである。

甲賀の忍者

筆者は子ども時分、時代小説や講談、落語を楽しんだ。『真田《さなだ》十勇《じゅうゆう》士《し》』にも当然手が伸び、そこで甲賀流忍術なるものをつかう猿飛《さるとび》佐助《さすけ》を知った。忍者が実在したか、甲賀流とはいかなる流派か、子どもにはまったくわからなかったが、その活躍は痛快であった。

忍者は、歴史的には「忍び」と呼ばれる。史料上確実に「忍び」の存在が確認できるのは、南北朝期（一三三六〜一三九二年）以後で、その起源は一三世紀後半に荘園制支配に抵抗した悪党にあると考えられている。

一七世紀初頭に刊行されたイエズス会編集の『日葡辞書《にっぽじしょ》』には、「Xinobi《シノビ》」の単語と「戦争の際に、状況を探り、城内へよじ登ったりする間諜」と説明があり、近世に「忍び」の語が使用されていたことがわかる。しかし、われわれが抱いている、黒装束を着用し、奔放に活動して相手を翻弄する忍者イメージは、近代以降に生み出されたものであり史実ではない。ただ、甲賀衆が軍事力を買われて各地に参陣していたことは事実であり、この甲賀衆の末裔こそが甲賀忍者のイメージ形成に大きな役割を果たしてきたのである。

近世を迎えた元の甲賀衆には、江戸幕府の旗本になった者もいるが、忍術をもって召し出されたわけではなかった。幕府に仕えた「甲賀百人組」は、鉄砲隊としての召抱えであった。また、和泉国岸和田藩の「甲賀士五十人」は、在村のまま扶持を受取り、御用に際して岸和田城下等へ出仕するという仕え方であった。尾張藩に仕えた「甲賀五人」も、やはり鉄砲打ちとしてである。ただ、岸和田藩や尾張藩に仕えた者のなかには、鉄砲術をはじめとする多くの兵法・武芸に長じ、忍術書などを伝えた家もある。近年、尾張藩に「甲賀五人」として仕えた家から古文書が発見され、調査報告書が刊行されている。今後、忍術と甲賀衆との関係について、研究の進展が期待されるところである。

一方、「甲賀ゆれ」ののちに帰農して甲賀に残った甲賀衆の末裔は、武士身分ではないものの、もとは地侍の家筋であることや、近隣の争論の裁定者として近世初期や前期の段階で活動するなど、地域社会のなかでの影響力を持ち続けていた。しかし、経済的な凋落など次第に地域社会における優位性を失っていき、その状況を打破するために、近世半ばになると、在村のまま江戸幕府への仕官を求める運動を起こす。彼らは、中世以来の参陣など軍事参加を綴る由緒書を作成するとともに、みずからが「忍び」の術法を伝える存在であることを主張し始める。その証拠として幕府に献上したのが、忍術書として著名な『万川集海《ばんせんしゅうかい》』である。

　甲賀の興味深い点は、このように軍事や忍術に彩られた特色ある由緒が、個々の家のみならず、広く地域社会のなかで共有され、地域のアイデンティティとなっている点である。

甲賀の山伏

　甲賀の忍者と山伏との関係を指摘する意見もある。甲賀には、近江屈指の修験霊場であった飯道山《はんどうさん》が存在し、山伏らが修行に励んでいた。また、近世には、山麓の村々にも、いわゆる里山伏《さとやまぶし》が居住していた。

　里山伏が多く住んでいたことで知られるのが、現在の水口町三大寺や杣中《そまなか》、甲南町竜法師《りゅうぼし》・新治・塩野・野尻・池田・磯尾であった。その特徴の一点目は、飯道寺《はんどうじ》に属する山伏として、大和国大峰山に入峰し修行していた点である。二点目は、村落に定着し、人々に対して配札や勧進、卜占《ぼくせん》や祈祷、医療など、さまざまな願いに応じるための活動をおこなっていた点である。

　彼らの配札活動は、京都の愛宕《あたご》社、伏見稲荷社、祇園社（八坂神社）、伊勢朝熊岳金剛證寺《あさまだけこんごうしょうじ》、近江多賀大社、竹生島宝厳寺、大和長谷寺本願院など、各地の社寺を本願とするものであった。一つの家が一つの神社や寺院の札を配る場合もあれば、家によっては複数の社寺に属しているものもあった。かつて、筆者のゼミ学生が卒業論文の対象とした甲南町磯尾の里山伏の家は、愛宕社や鞍馬寺など複数の社寺の配札に従事したことがわかっている。

　彼らは、配札のための縄張り（檀《だん》那場《なば》）をもち、全国を旅した。こうした活動が、全国を渡り歩いて秘密裏に情報を収集する忍者のイメージに重ねあわされたのである。

飯道山に登ってみよう

　飯道山（六六四・二m）（図6①）は、日帰り登山が可能な山である。フルシーズン登れるが、低山でアプローチが長いので、人によっては真夏の登山は厳しいかもしれない。

鉄道駅を基点とする場合、JR貴《き》

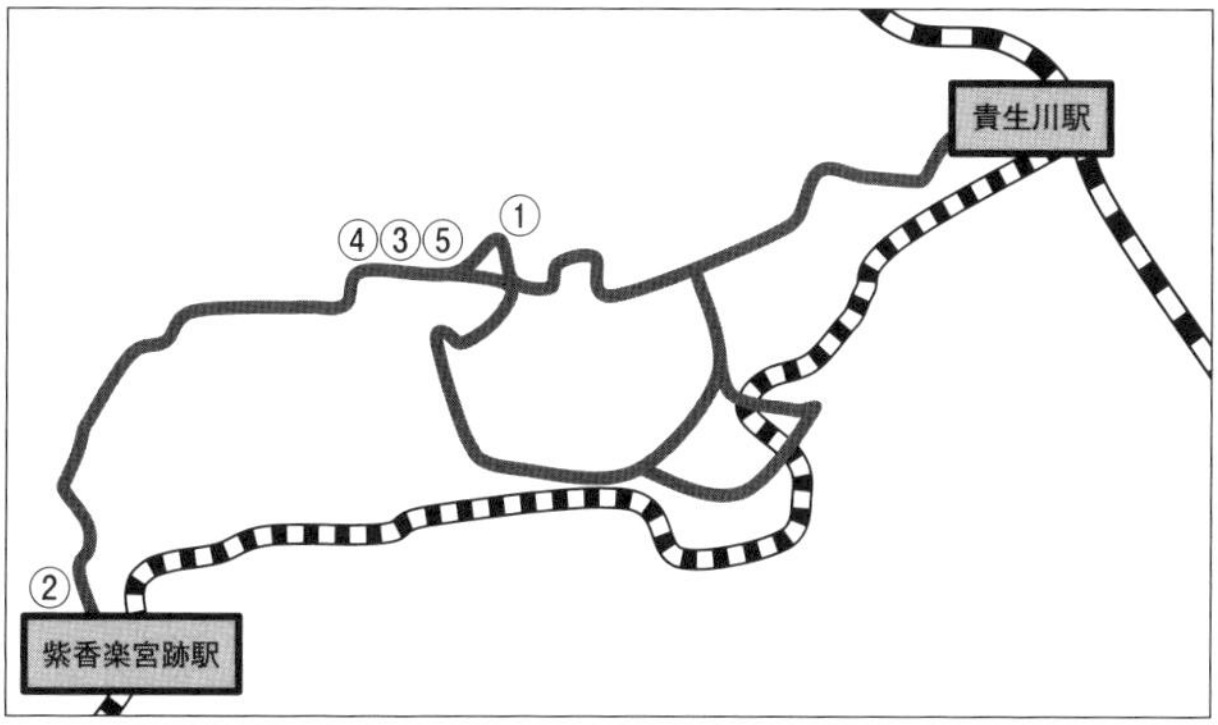

図6　飯道山登山ルート概略図（実際の登山の際には、必ず専用の登山地図をご用意ください）

生川《ぶかわ》駅か信楽高原鐵道・紫香楽宮跡駅を起点、もしくは終点とすることになる。紫香楽宮跡駅は、国指定史跡である紫香楽宮跡（甲賀寺跡）（**図6②**）へ徒歩約二〇分の距離にある。古代史好きな方は、せっかくなので見学していただくとよいが、登山前と後のどちらで見学するかは、体力との相談である。また、特に信楽高原鐵道は、本数がそれほど多くはないので、出発時間を考えて起終点を決定するのがよいだろう。

　飯道山の登山道は、ガレ場なども若干あるが、基本的には歩きやすい山である。山頂から少し下に、飯道神社本殿（**図6③**）が鎮座している。国の重要文化財に指定されている建物で、近年修復がなされ丹塗りも新しい。

　この本殿の裏手に、修験の行場《ぎょうば》（**図6④**）がある。「天狗の岩」、「蟻の塔《とう》渡り」、「胎内くぐり」などのポイントがあり、最後に本殿の裏手に戻ってくる。狭い岩の間をくぐり抜けたり、細い足場を渡ったりする危険な場所もあるため、体力に自信がある方に限るが、山伏の修行として体験してみるとよいだろう。

　飯道山は、明治維新以前は神仏習合の山であった。神社から少し下った場所に広場のような空間があり、随所に石垣が残っている。飯道山修験道の隆盛期に存在した寺坊跡（**図6⑤**）である。その栄華の時代を想像したい。

　また、秀吉のもとで高野山再興に

尽力し、のちに豊臣秀次事件に連座した木食応其《もくじきおうご》の入定窟《にゅうじょうくつ》が現存する。入定とは、僧や行者が断食の修行ののちに魂が永久に生き続ける状態に入ることを言うが、不勉強ながら筆者は飯道山に登るまで、この入定窟の存在を知らなかった。

なお、修験道は、神仏混交の信仰として庶民に浸透していたが、明治初年の神仏分離政策のなかで禁止対象とされ、その後衰退へと向かっていく。

山伏と薬

主要な山岳霊場の周辺で薬業の発達が見られることは、吉野大峰の「陀羅尼助《だらにすけ》」や木曽御嶽の「百草丸《ひゃくそうがん》」などの例がある。甲賀の山伏も、寺社の札とともに土産物や薬を配布していた。忍者と山伏のイメージは、薬に関する知識という点でも重なりあっている。

ただ、甲賀において製薬・売薬業が本格化するのは、明治期になってからで、その契機は、前述の神仏分離であった。明治五年（一八七二）に修験道が禁止され、配札によって生計維持が困難になった山伏が、製薬や売薬に活路を求めたのである。

甲南町竜法師にある望月本実《ほんじつ》家は、「甲賀流忍術屋敷」として知られるが、当家も元々は山伏であり、近代に「近江製剤株式会社」として製薬事業を拡大している。訪問の際は、隠し扉などの数奇なからくり構造や、手裏剣や水蜘蛛《みずぐも》などの忍者関係道具に目を奪われるが、薬種箪笥など製薬関係の道具も展示されている。甲賀の山伏のたどった歴史を思いながら、製薬関係道具も熟覧していただきたいものである。

また、甲南町大原中には、甲賀市によって入館料無料の「甲賀市くすり学習館」が設置され、甲賀の薬について学ぶことができる。展示だけではなく丸薬づくり体験なども実施しており、親子連れでも楽しめる施設となっている。

やはり甲賀はおもしろい

二〇二〇年九月には、甲賀市の総合観光案内所「甲賀流リアル忍者館」（甲南町竜法師）がオープンするなど、市をあげて忍者を観光の起爆剤にしようという活動が積極的に展開されている。

だが、甲賀には、ほかにも種々の見所がある。同時に日本遺産に認定された「きっと恋する六古窯―日本生まれ日本育ちのやきもの産地―」の六古窯に信楽焼が含まれているように、信楽地域も近年注目を集めている。陶芸家が主役の二〇一九年度のNHK連続テレビ小説「スカーレット」の放映を、毎朝楽しみにしていた読者も多かろう。また、水口・土山地域のような東海道の宿場をたどるのもおもしろかろう。

公共交通機関の便は決してよいとはいえないが、自家用車・電車・バス・レンタサイクル・徒歩を駆使して、是非とも甲賀の地に足を踏み入れていただきたい。一度訪れれば、きっと、もう一度訪れたくなるだろう。

参考文献

『甲賀市史』第一〜八巻（甲賀市、二〇〇七〜一六年）

図版出典

図1・2・4・5：筆者撮影
図3：『甲賀市史　第八巻　甲賀市事典』（甲賀市、二〇一六年）三二三ページ「同名中と郡中惣模式図」
図6：筆者作成

11 陸上交通と瀬田橋

—瀬田橋を確保せよ—

京樂真帆子
Mahoko Kyouraku

明智光秀と瀬田橋

瀬田橋の上に立ち、瀬田川の水量と流れの速さを目の当たりにすると、瞬時に理解できる。瀬田橋は、近江における陸上交通の要である、と。この橋がなければ対岸にそう簡単には渡れない。『更級日記《さらしなにっき》』に「勢多の橋、みなくづれて、わたりわづらふ」とあるように。

敵軍の通行を遮断するために瀬田橋を破壊する、という作戦は、戦乱時によく用いられた。

例えば、天正一〇年（一五八二）六月二日に起きた本能寺の変の直後。安土に滞在していたイエズス会宣教師が以下の報告を行っている。

> 信長がしばらく前に作らせたばかりの、日本随一といわれる瀬田の橋と称する美しい橋があり、その下をかの二十五里の湖水（琵琶湖）が奔流しており、橋際に監視だけを使命とする指揮官と兵士がいる砦があったが、指揮官（山岡景隆）は信長の訃報に接すると、明智の軍勢があまり迅速に、安土に向かって通過できぬように、異常な注意深さをもってただちに橋梁を切断せしめたからである。そのために、次の土曜日（六月四日）までに通行できなかったが、明智の優秀な技能と配慮により、ただちに修理復旧された。瀬の深さと、同所を流れる水足がきわめて速いことから、それは不可能事と見られていたのである。
>
> （ルイス・フロイス『日本史』第五七章）

冒頭にあるように、信長は天正三年（一五七五）に瀬田橋を復興した（『信長公記《しんちょうこうき》』同年七月一二日）。「末代の為に候の間、丈夫に懸置くべきの旨」を信長が指示したその橋を、山岡景隆《やまおかかげたか》が破壊した。『信長公記』（同年六月二日）には、光秀の誘いを断った景隆が瀬田橋を焼き落とした、とある。渡河の手段を失った光秀は橋詰めに家臣を配置し、再建のための準備を始めた。イエズス会宣教師の言う通り、瀬が深く水流が速い場所での架橋は、確かに難工事だっただろう。

　琵琶湖に流れ入る川はたくさんあるが、琵琶湖から流れ出る川は瀬田川だけである。そして、その川幅が一番狭くなっているのは今の瀬田橋の懸かっている地点で、約一二〇mである。あの大きな琵琶湖の水が、この狭い川だけにやってくる。

　光秀軍は、六月五日に安土城へ到達した（『兼見卿記《かねみきょうき》』天正一〇年六月五日条）。光秀は、迅速に瀬田橋を復活させたのである。

急がば回れ瀬田の長橋

　さて、「急がば回れ」ということわざの語源は、この瀬田橋である。寛永五年（一六二八）に出来た笑話本『醒睡笑《せいすいしょう》』（巻二）は連歌師宗長《そうちょう》の歌が典拠だとするが、それよりも一〇〇年ほど前、永正一一年（一五一四）に編纂されたと推定される和歌集『雲玉和歌抄《うんぎょくわかしょう》』にも同じ歌が載っている。

もののふのやばせ（矢橋）の舟ははやくとも
いそかはまはれせた（瀬田）の長はし
　　　　　　　　　　　俊　頼

　たとえ遠回りになったとしても、急ぐときには安全で確実な道を行く方が結局は早くて得策だという意味である。編者の衲叟馴窓《のうそうじゅんそう》は、「此歌、世上のことわり、人の覚悟、諸事にわたるべし」と評している。このように人生訓にも使われるこの和歌・ことわざの前提は、そもそも舟の方が陸路よりも早い、ということである。

　琵琶湖を巨大な運河だと考えてみよう。実際、瀬田橋がないときには、舟で移動した例がある。例えば、瀬田橋が損亡していた永暦元年（一一六〇）、京から伊勢へ東海道を通って向かう斎王《さいおう》（斎宮《いつきのみや》）の一行は、舟を用いて渡河している（『山槐記《さんかいき》』同年九月八日条）。

もし瀬田川の浅瀬を探して渡ろうとするならば、瀬田橋から下流へ四kmほど南の「供御瀬《くごのせ》」（大津市田上黒津町付近）まで遠回りをしなければならなかった。この「供御瀬」は、明治三八年（一九〇五）に最初の南《なん》郷洗堰《ごうあらいぜき》がこの地に設置されたときに水没してしまい、今は確認できない。

ここで注意したいのは、湖上交通に代替可能といえども、人々が瀬田橋を修復していることである。先述したように、信長も瀬田橋を作り直した。信長は、瀬田川に舟橋（浮橋）を架けたこともある（『信長公記』巻三、元亀元年（一五七〇）一一月一六日）。それ以前にも、往還する門徒達のために本願寺が橋の再興費五一〇貫を諸国勧進《かんじん》（募金活動）している（『天文日記《てんぶんにっき》』天文一三年（一五四四）三月二一日条）。後には、徳川家康《とくがわいえやす》も大洪水で破損した瀬田橋を修復させている（『駿府記《すんぷき》』慶長一九年（一六一四）五月一九日条）。

このように、みなが修復・再建するということは、当時の人々にとって瀬田橋はなくてはならないものだったということである。

瀬田橋の歩み

源為憲《みなもとのためのり》が天禄元年（九七〇）に書いた子供向けの教科書『口遊《くちずさみ》』に、「山太、近二、宇三」とある。これは、山崎橋が第一で、第二が近江の瀬田橋、第三が宇治橋だ、という意味である。近江八景の一つに数えられる前から、瀬田橋は著名な橋であった。

現在の正式名称は「瀬田の唐橋」であるが、この呼称は『平家物語』などに見られる。その名の由来にも、中国風（唐《から》風）だから、などの諸説があり、決しがたい。

「せた」も、「瀬田」、「勢多」、「勢田」と様々に表記されるが、ここでは『日本書紀《にほんしょき》』にみえる「瀬田」の表記に従い、橋の呼び方も「瀬田橋」で統一したい。

瀬田橋が最初に史料に出て来るのは、『日本書紀』天武天皇《てんむてんのう》元年（六七二）七月の壬申《じんしん》の乱時の記述である。すでに存在する橋として出て来るので、最初の橋をいつ、だれが架けたのかはわからない。江戸時代以降の瀬田橋は、その架替記録などからほぼ現在の位置にあったことが知られている。では、それ以前の橋はどこにあったのか。

　昭和六三年（一九八八）七月、今の瀬田橋から八〇mほど下流で古代の橋跡（橋脚）が二つ発見された。

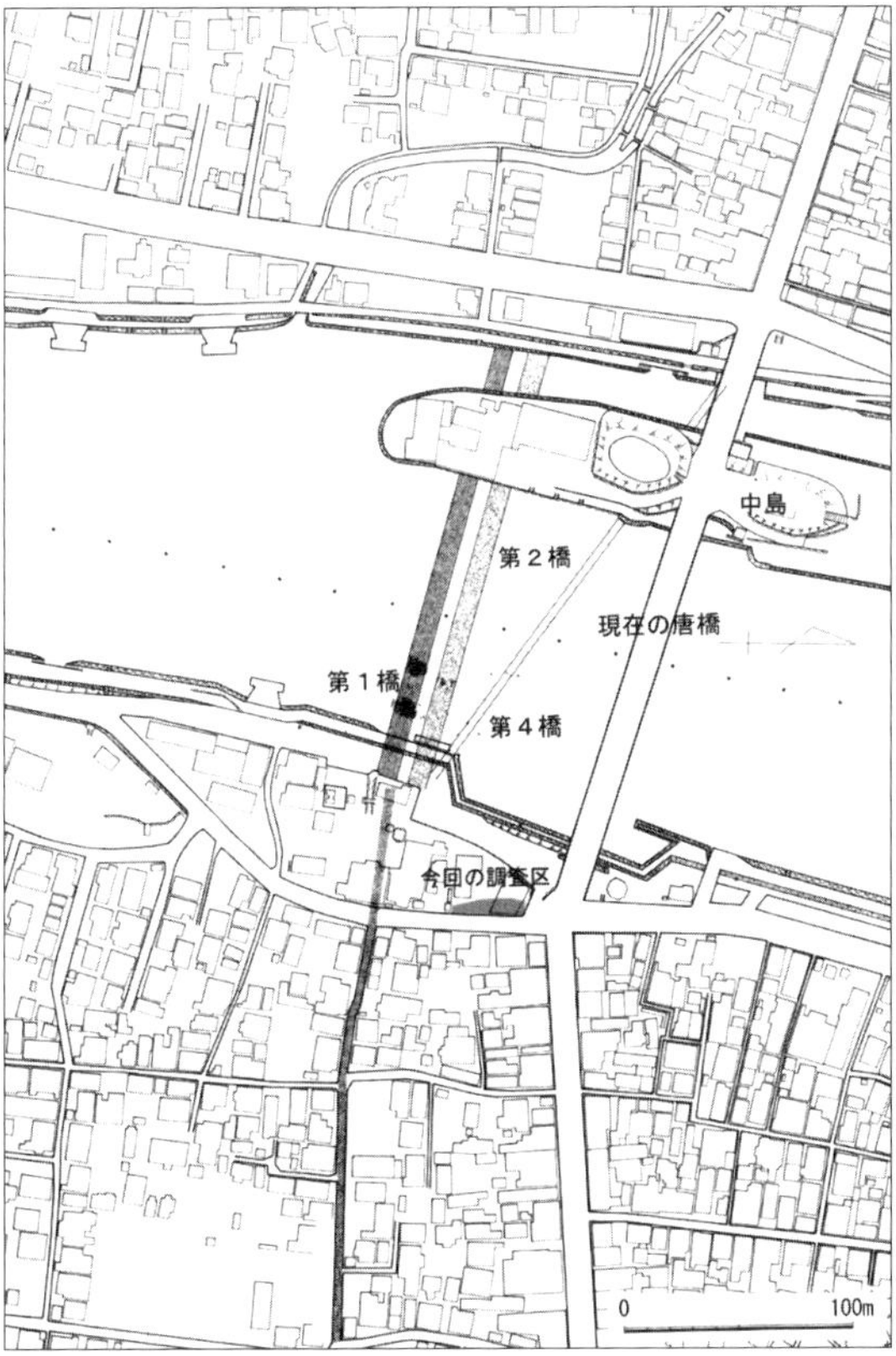

図1　発掘された瀬田橋復元図

角材を六角形に組み大量の石で押さえた橋脚の間は、約一五m。橋の幅は、八〜九mと考えられる。

　この橋は七世紀から奈良時代までの築造と推定されている。日本古代の橋遺構に類例を見ない、水圧を逃がすための舟形があり、新羅《しらぎ》の都・慶州で発掘された月精橋址や唐の都・長安（今の西安市）の灞橋《はきょう》の橋脚遺構との類似点がある。古代東アジア世界において土木技術がどのように伝播したのか、今後の実態解明に期待される。

　現在、①奈良時代②平安時代③平安時代後期から鎌倉時代④それ以後で近世以前、という四時期の橋脚が確認されている（**図1**）。

　さて、かつての瀬田橋は木造で

あったが、大正一三年（一九二四）の工事で橋脚・橋台が鉄筋コンクリート製となった。一九六四年には、高欄も鋼製となり、橋面はアスファルト舗装された。

そして、現在の橋は、昭和五四年（一九七九）に掛け替えられたものである。中ノ島から西側の橋を「小橋」（五二m）、東側を「大橋」（一七二m）と呼んでいる。

大正年間の架け替え工事に向けて、滋賀県が事前調査を行った記録が残っている。その小冊子『瀬田橋ノ沿革』（滋賀県内務部土木課、一九二二年）は、瀬田橋の様子を古代から説明する。当時最新の土木技術を駆使して建設する新橋を歴史の中に位置づけたいという、滋賀県の気概を感じる冊子である。

この県の役割、および瀬田橋の歴史的・文化的意義が問われて広く議論が起こったのが、平成二四年（二〇一二）の高欄の塗り替え工事であった。

昭和五四年の架け替え工事の際、高欄はそれまでの朱色から、白木をイメージした「木造色」に塗り変えられた。これは、歴史的景観を損なわないようにするための配慮であった。平成二年（一九九〇）の塗り替え工事でも、この木造色は踏襲された。

しかし、平成二一年（二〇〇九）に、同じく木造色に塗り替える計画が発表されたところ、旧来の朱色への塗り替えに期待する声が寄せられた。確かに、鎌倉時代後期に成立した絵巻『石山寺縁起《いしやまでらえんぎ》』（巻五）に描かれる瀬田橋の欄干は、朱色である。

そこで平成二二年（二〇一〇）六月に「瀬田唐橋景観検討委員会」が設置され、五回の検討委員会を経て、翌年二月に滋賀県知事に対する「提言」が提出された。この「提言」には別冊として「住民意見聴取の結果」も付されており、人々の瀬田橋への熱い思い、交通の利便性への希望などが記録されている。塗り替えの色に限らず瀬田橋をどう整備するか、例えば、高欄の木造化などについて広く県民の意見を反映するべく議論がなされたことがわかる。

結果、交通の安全への配慮などから高欄の木造化は断念され、橋名板および夜間照明の設置などが決定した。そして、「歴史的・文化的景観に配慮し、木造橋をイメージできる唐茶《からちゃ》を基調とした色合い」に塗り替えられることになった。

議論の末の唐茶色を、是非現地で確認して頂きたい。

壬申の乱と瀬田橋

さて、かの壬申の乱の最終決戦は、瀬田橋での攻防であった。

この日本古代最大の内乱は、天智《てんち》天皇《てんのう》の死（六七一年）後、天智の息子・大友皇子《おおとものみこ》と天智の弟・大海人《おおあまの》皇子《みこ》とが皇位継承争いを起こしたことに端を発する。

天智の死の翌年（六七二）六月二二日、大海人皇子は大友皇子に対抗するための行動を起こした。まず、大海人皇子の所領があった美濃国（今の岐阜県）で兵を集め、近江へ向けて進軍させた。その軍を束ねたのが、村国男依《むらくにのおより》である。

男依の軍勢は、七月二日には不破関を突破して、近江国に入った。同月七日、息長《おきなが》（今の米原市）での戦闘に勝利し、一三日には安河《（野洲川）》の戦に勝って西へ進軍した（**図２**）。

七月二二日、遂に男依軍は、瀬田橋に到った。橋の東側に男依が率いる大海人皇子軍が、そして、橋の西側には大友皇子軍が対峙したのである。

以下、『日本書紀』の記述を参考にして、戦の状況を再現してみよう。瀬田橋の西、あるいは東に立って、それぞれの視点からの戦況を現地で想像して頂きたい。

図２　村国男依軍の進軍経路

橋の西から

まず、大友皇子軍の立場に立って瀬田橋の西から東を見てみよう。対岸に、村国男依が率いる大海人皇子軍の姿が見えるはずだ。

大友皇子軍の陣営は巨大で、後方の様子が目視できないほどであった。大友皇子軍の旗が野を隠すほど多くはためき、鉦《かね》や鼓《つづみ》の音が遙か彼方まで聞こえる。

瀬田は、大友皇子軍が本拠とする近江大津宮《おおつのみや》からほど近い。大軍を動かすにも、さほど困難は伴わない。

一方、男依たちの軍勢は、遠く美濃からやってきた。数の上からも、疲労の度合いからも、大友皇子軍が圧倒的に優位であろう。

橋の東から

次に、瀬田橋の東側に移動し、男依軍の立場から西を眺めよう。

村国男依は、美濃の豪族出身で、大海人皇子の舎人《とねり》であった。乱勃発後は、美濃の兵士動員などで活躍し、七月二日に主力軍の将軍に任命されている。男依は、一三日に野洲川で戦い、一七日に栗太《くるもと》で戦い、そして、この二二日に瀬田に到達した。連戦連勝、追撃につぐ追撃ということになる。

今、目の前には敵の本隊大友皇子軍がいる。ここを突破すれば、敵の本拠地・大津宮の陥落は確実、勝利は目前である。

橋の西から

もう一度、大友皇子軍に戻る。

両軍の間には、瀬田橋がある。我が軍が対岸に攻め入るにせよ、敵がこちらに攻め込むにせよ、この橋を渡らなければならない。

大友皇子軍の将軍智尊《ちそん》は知恵を絞り、敵の侵入を防ぐため、橋の真ん中、中央部分の板を三丈《みつえ》分切断してしまった。三丈というのは、約九mである。普通の人間の跳躍力では、九mもの距離を跳び越えることは出来ない（走り幅跳びの現在の世界記録を確認されたい）。そこで、この大穴の部分に長板を一枚置いておく。橋を渡ろうとする敵は、この長板の部分を渡るしかない。敵がこの長板の上に乗ったところで、結びつけておいた綱を牽く。そうやって長板を動かし、上に乗っている敵を穴から川に落としてしまえば良い。

この作戦は見事に功を奏し、男依軍は恐れて橋を渡ることが出来なくなってしまった。

この「瀬田橋の板を外して通行を阻害する」という作戦は、承久三年（一二二一）の承久の乱においても活用されている（『吾妻鏡《あずまかがみ》』同年六月一三日条）。つまり、敵に対しては橋の破壊で通行を妨げ、味方に対しては板を渡し直して打って出る道を確保する、というなかなか良く出来た戦法である。これは、先に橋板を外して、その部材を手許に確保した方が有利になる。

壬申の乱の場合、瀬田橋を先に細工・加工した大友皇子軍が圧倒的に有利になるはずだった。

橋の東から

さて、瀬田橋の東側、男依軍へ。

瀬田橋に仕掛けを作る、という敵の作戦には驚いた。瀬田川の急流に落ちてしまった兵たちを助けることも出来なかった。残念ながら、彼らは生きてはいないだろう。

しかし、何度も同じ仕掛けにはまるほど、こちらも愚かではない。仕掛けをよく見ると、長板を動かす綱さえ切ってしまえば、板を動かされる心配はなくなる。そうすれば、逆にあの長板を活用して、瀬田橋を渡り進軍することが出来るだろう。

実際に行動を起こしたのは、大分君稚臣《おおきだのきみわかみ》である。矛を捨て、その替わりに綱を切るための刀を持ち、甲《よろい》を重ね着して矢を防ぐ手立てを講じて、突進していった。この稚臣に向けて矢が放たれたが、甲のおかげで致命傷とはならず、彼は綱を切り、敵陣に攻め込むことに成功した。その稚臣の後に、男依軍の兵が続いていく。

あまりにもドラマチックで真実味に欠けるきらいもあるが、『日本書紀』の記述は具体的である。

こうして、形勢は逆転した。

橋の西から

再び、西の大友皇子軍へ。

ついに、対岸にいた男依軍が、大挙して瀬田橋を渡り始めた。それを見て大友皇子軍は、みな逃げ散っていく。智尊が刀を抜いて、味方ながらも逃亡する兵たちを切り始めた。

しかし、眼前に迫る敵から逃亡する

者たちの足は、止まらない。

智尊が橋のたもとで斬り殺され、味方は総崩れとなり、大友皇子も逃げ出した。左大臣蘇我赤兄《そがのあかえ》、右大臣中臣金《なかとみのかね》たちも同様に大津宮目指して逃げていく。壬申の乱の勝敗は、これで決した。大海人皇子は、翌年（六七三）二月に飛鳥浄御原宮《あすかきよみはらのみや》で即位した。天武天皇である。

瀬田橋は、歴史を決した現場であった。

瀬田橋を渡ろう！

では、実際に、瀬田橋を渡ってみよう。JR琵琶湖線瀬田駅から西へ向かうと、男依軍になったつもりで瀬田橋に向かうことが出来る。が、いささか遠い。そこで、西から東へ、大友皇子軍になってのアプローチをお勧めしたい。

京阪電車石山坂本線の唐橋前駅で降りると、すぐ瀬田橋である。

高欄の唐茶色を確認しつつ、瀬田唐橋の小橋を渡ろう。小橋と大橋に取り付けられている橋名板には、「瀬田唐橋」、「せたからはし」、「瀬田川」、「せたかわ」の四種類があるので、どこにどれが付けられているか、確認していこう。

小橋を渡るとすぐに、中ノ島に到る。その右手（南側）の小高い木立の中に、信楽焼製（背後を確認されたい）の**藤原秀郷像**《ふじわらのひでさと》（①）がある。藤原秀郷は実在の人物で、下野国《しもつけ》（今の栃木県）出身の豪族である。天慶三年（九四〇）の平将門《たいらのまさかど》の乱に際して下野押領使《おうりようし》として追討軍に加わり、下総国《しもふさ》（今の茨城県南部）で将門を滅ぼしている。その功によって、下野守にまでなった。この武勇

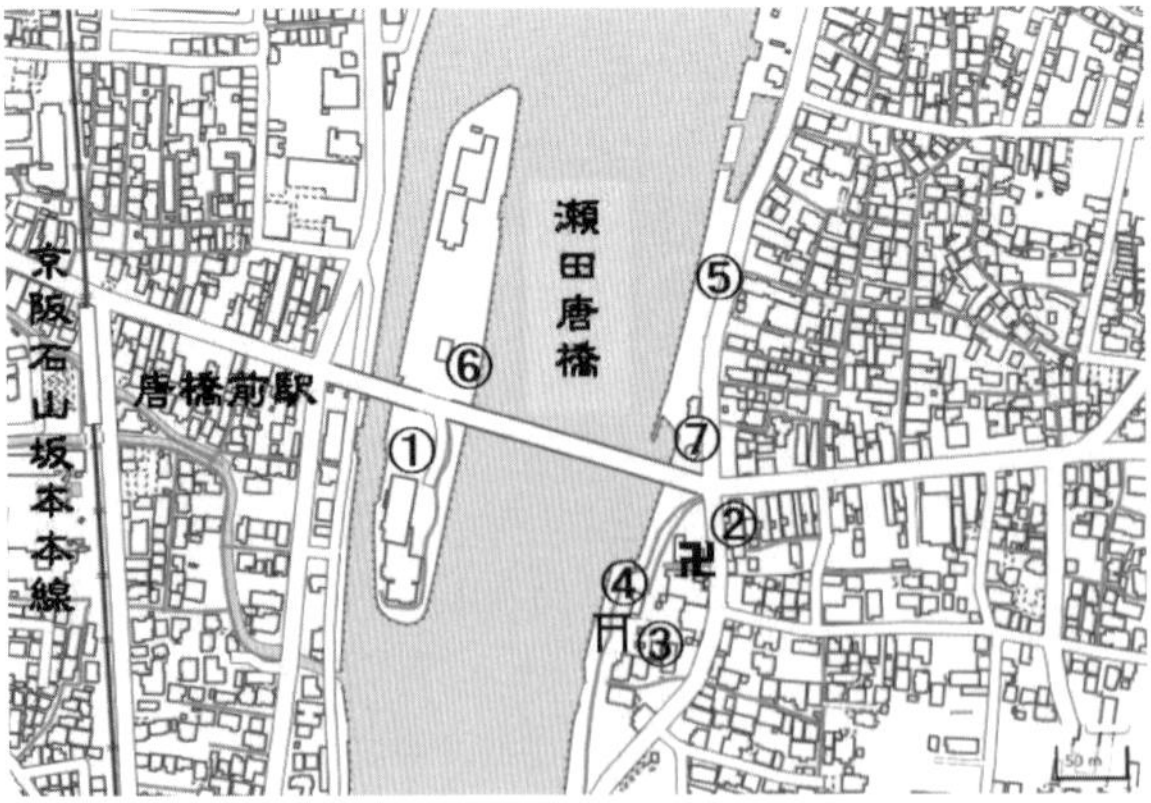

で知られる秀郷は、中世になってから俵藤太《たわらのとうた》の名前で近江の三上山《みかみやま》に巣くう大百足《むかで》を退治した、という伝説の主人公となった。『御伽草紙《おとぎそうし》』の「俵藤太物語」である。『俵藤太絵巻』にもなっており、この物語が人々に親しまれたことが分かる。

　この物語の中で、秀郷は瀬田橋へやってくる。すると、そこには大蛇が横たわっていて、人々の通行を妨げていた。秀郷は、この大蛇の背中をむずむずと踏みつけて（と、原文に書いてある）橋を渡ったのであった。これで秀郷の武勇を認めた龍神が美女に化けてやってきて、大百足の退治を依頼するのである。かの大蛇こそ琵琶湖に住む龍神で、百足を退治してくれる武者を探していたのであった。こうして秀郷は、近江富士とも呼ばれる三上山にとぐろを巻いた大百足を見事に退治した。龍神は、絹の巻物などの褒美の品を秀郷に与えたのであった。美しい瀬田橋と美しい三上山とをからめたこの物語の現場を確かめよう。

　三上山は、大橋の中程からちらりと山頂部分を確認することが出来る。また、物語の説明板は中ノ島の北側等、近辺に複数ある。

　では、大橋を渡っていこう。取り付けられた橋名板、高欄の色を確認するのも重要だが、擬宝珠《ぎぼし》にも注目してもらいたい。数を数えながら、そして、字を刻んだものがないか、その中に年号はないか、その年号はいつのものかを見てほしい。

　橋の東詰南側の**雲住寺**《うんじゅうじ》（②）は、応永一五年（一四〇八）、俵藤太の子孫がその供養のために建立した寺である。さらに寺の南には、**竜宮社**（③）がある。ここも秀郷ゆかりの社で、永享一二年（一四四〇）の瀬田橋架け替え時に創建された。

　雲住寺の前（西）から瀬田川を眺めてもらいたい。ちょうどそのあたりから、先述した古代の瀬田橋の遺構が発掘された。現在の瀬田唐橋との近さを体感できる。そこには、「日本三大名橋　瀬田の唐橋」と書かれた**石碑**（④）がある。是非、裏側も確認してほしい。

　瀬田川の川岸は、「瀬田川ぐるりさんぽ道」として整備されている。地図の④のあたりは、大橋を綺麗に写真に撮ることができる撮影スポットで、古い絵葉書にも写真が載っている（**図3**）。

図3　絵葉書の瀬田橋

さて、橋の北側に移動しよう。

大橋の東詰北側にある**唐橋公園**（⑤）には、松尾芭蕉《まつおばしょう》の句碑がある。

五月雨に隠れぬものや瀬田の橋

（『阿羅野』）

芭蕉は、近江に滞在したことがあり、その庵に門弟達が集った。芭蕉の墓は、大津市の義仲寺《ぎちゅうじ》にある。

また、瀬田橋は、和歌によく詠み込まれる名所、歌枕でもある。有名な和歌を紹介しよう。

真木《まき》の板も苔むすばかりなりにけり幾代経《いくよへ》ぬらむ瀬田の長橋

（『新古今和歌集』巻一七）

檜《ひのき》で出来た橋板も苔が生えるほど古くなっている。瀬田の長橋は、その名の通り長い歴史を、いったい何世代を経たのだろうか。長い、苔むす、幾代経ると縁語をたたみかけていく、大江匡房《おおえのまさふさ》の歌である。

再び、大橋を渡って西側へ。**大橋西詰北側**は、自転車で琵琶湖を一周（一九三㎞）する「ビワイチ」の出発点でもある（⑥）。その横に、鳥居川水位観測所がある。明治七年（一八七四）に当時鳥居川村と呼ばれていた当地に設置されたもので、今も現役で瀬田川の水位を自動で計測している。なお、対岸には「**水質自動監視所**」がある（⑦）。

瀬田橋では、古代から中世、戦国時代、近世、近代など、いろいろな時代を感じることが出来る。是非、それぞれのテーマを見つけて、何度でも、瀬田橋を渡ってみて頂きたい。

よみがえる瀬田橋

瀬田橋が壊れる原因は、戦乱にお

ける人為的破壊だけではない。たとえば、火災（『小右記《しょうゆうき》』万寿元年（一〇二四）一一月二三日条）や地震（『中《ちゅう》右記《ゆうき》』嘉保三年（永長元年　一〇九六）一一月二四日条）などによっても、瀬田橋は損傷している。この嘉保三年の大地震のときには、「纔《わず》かに東西の岸辺に残る也」という状況まで破壊され、復興まで約三年の年月を要している（『本朝世紀《ほんちょうせいき》』康和元年（一〇九九）一〇月五日条）。瀬田橋はそこにあって当たり前の橋ではない、と肝に銘じたい。

　現在、瀬田川を渡るためには、北から、JR琵琶湖線、国道一号線、瀬田唐橋、東海道新幹線、名神高速道路、京滋バイパスといった手段が用意されている。唐橋公園で耳を澄ませば、川を渡る新幹線の音が聞こえる。ボート練習の掛け声と合わせて、瀬田川の音風景《サウンド・スケープ》である。

　琵琶湖大橋（昭和三九年（一九六四）完成）、近江大橋（昭和四九年（一九七四）完成）が出来て、琵琶湖をまたぐ道路も整備された。かつては盛んであった湖上交通に替わって、今の琵琶湖には観光船などが浮かんでいる。瀬田橋は幹線交通路としての役割を終え、生活道路の一部として親しまれている。

　さて、瀬田橋近辺の発掘調査現場からは、和同開珎《わどうかいちん》や宋銭《そうせん》など大量の銭貨が発見されている。これらは信仰上の投げ銭の可能性もあるというが、瀬田橋を渡るときには落とし物などなされぬよう、充分に気をつけられたい。

参考文献

・小笠原好彦編『勢多唐橋　橋にみる古代史』（六興出版、一九九〇年）
・『唐橋遺跡　大津市瀬田2丁目』（滋賀県教育委員会、二〇〇六年）
・『埋蔵文化財活用ブックレット13　瀬田橋をめぐる攻防―膳所から瀬田へ―』（滋賀県教育委員会、二〇一二年）

図版出典

図1：『唐橋遺跡　大津市瀬田2丁目』（前掲）
図2：倉本一宏『戦争の日本史2　壬申の乱』（吉川弘文館、二〇〇七年）
図3：絵はがき（年代不明。筆者所蔵）
地図：新規作成

12 近江を通った朝鮮使節と琉球使節
―使節の足跡をたどる―

木村可奈子
Kanako Kimura

近江の街道を通った朝鮮通信使と琉球慶賀使・謝恩使

近江は京都へ続く主要な街道が琵琶湖を囲むように存在する、交通の要衝である。その中で、五街道である中山道、東海道、そして中山道の脇往還である朝鮮人街道は、江戸時代に朝鮮通信使や、琉球謝恩使・慶賀使が江戸に向かう際に使用され、その経由地では饗応と交流が行われた。

江戸時代の朝鮮通信使は、全部で一二回派遣された（①一六〇七（慶長一二）年、②一六一七（元和三）年、③一六二四（寛永元）年、④一六三六（寛永一三）年、⑤一六四三（寛永二十）年、⑥一六五五（明暦元）年、⑦一六八

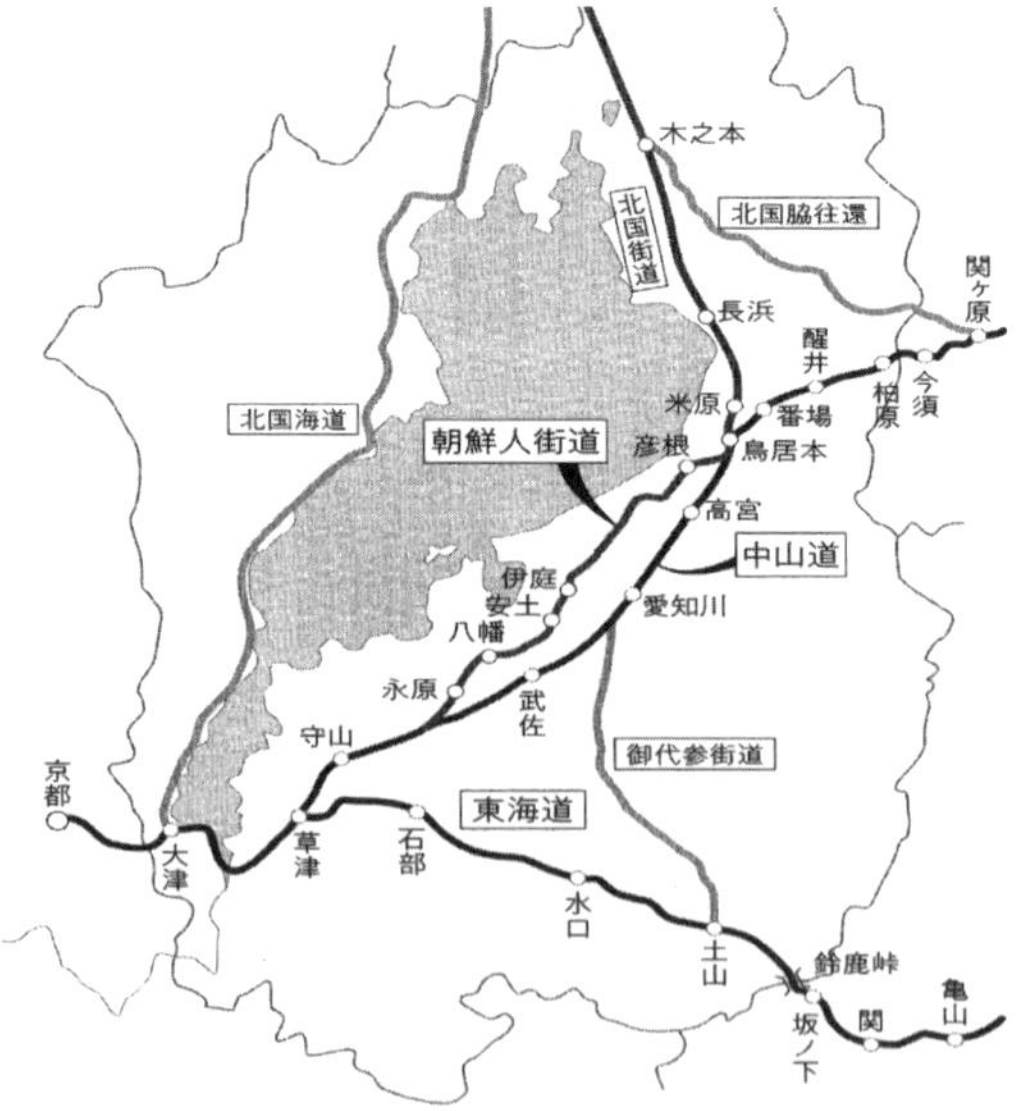

図1　近江の街道

二（天和二）年、⑧一七一一（正徳元）年、⑨一七一九（享保四）年、⑩一七四八（延享五）年、⑪一七六四（宝暦一四）年、⑫一八一一（文化八）年）。

そのうち最初の三回は「通信使」ではなく「回答兼刷還使《かいとうけんさっかんし》」として派遣された。豊臣秀吉の侵略により蹂躙された朝鮮は講和・国交回復の求めに簡単には応じず、徳川家康から国書を送ってくることと、戦争中に国王陵を荒した犯人の身柄を送ることを求めた。

これに対し、朝鮮との交渉を担当した対馬藩は、対馬島内の犯罪者を犯人に仕立て、偽造した家康の国書とともに送った。朝鮮側は疑いを持ったものの、安全保障を考慮して日本に使節を送ることを決定し、家康の国書へ「回答」し、日本に連れていかれた朝鮮人の「刷還」（送還）を求める「回答兼刷還使」という名目で、一六〇七年に派遣した。

「通信使」と称して徳川将軍に使節が派遣されるようになったのは、一六三六年に派遣された使節からである。「通信」の意味については、一般的に「信」＝よしみ、と解釈し、よしみを通じる、と説明されているが、これは誤った解釈であり、「信」＝手紙、つまり国書を通じることを意味する。一二回の通信使のうち近江を通過したのは、第二回（京都まで）と第一二回（対馬まで）を除いた計一〇回である。

朝鮮通信使は釜山を出発して対馬に到着し、そこから船で瀬戸内海を大坂まで行き、さらに淀川をさかのぼって伏見で上陸し、京都を通って近江に入った。東海道を進み草津で中山道に入った後、現在の野洲市行畑で「朝鮮人街道」に入り、八幡（現、近江八幡）、彦根を通り鳥居本でまた中山道に戻り美濃に入った。この朝鮮人街道の大部分は、観音霊場として知られた彦根山の彦根寺への巡礼街道として古くから整備されており、織田信長もこの道を安土城下から佐和山方面および京都方面に繋がる「下街道」として整備した。この道は関ヶ原合戦での勝利後の徳川家康の上洛路として使用され、彦根城の建設に伴いルートが少し変更されたものの、江戸時代初期においては中山道以上に整備された道であった。将軍上洛の「吉例の道」としての由緒があり、また通信使だけでも四〇〇人近くなる大集団の宿泊や休息に対応できる八幡、彦根などの城下町が沿道にあったことが、この道が選ばれた理由だとされている。この街道は江戸時代には様々な名称で呼ばれ、「朝鮮人街道」の名称が定着するようになったのは明治になってからである。

朝鮮通信使に比べ、琉球謝恩使・慶賀使が近江を通行したことはあまり知られていない。一六〇九年（慶長一四）の薩摩藩の侵略により王国を維持したまま幕藩体制に組み込まれた琉球は、引き続き中国から冊封を受ける異国であった。琉球から徳川将軍の代替わりにその襲職を祝って送られたのが「慶賀使（賀慶使）」、琉球国王の代替わりに襲封を謝恩するために送られたのが「謝恩使（恩謝使）」である。これらの使節を幕府は朝貢使節と位置付けていたが、琉球側では幕府への従属ではなく対等の意識を反映した「江戸立」という表現を用いた。

琉球慶賀使・謝恩使は一六三四年から計一八回（①一六三四（寛永一一）年、②一六四四（正保元）年、③一六四九（慶安二）年、④一六五三（承応二）年、⑤一六七一（寛文一一）年、⑥一六八二（天和二）年、⑦一七一〇（宝永七）年、⑧一七一四（正徳四）年、⑨一七一八（享保三）年、⑩一七四八（寛延元）年、⑪一七五二（宝暦二）年、⑫一七六四（明和元）年、⑬一七九〇（寛政二）年、⑭一七九六（寛政八）年、⑮一八〇六（文化三）年、⑯一八三二（天保三）年、⑰一八四二（天保一三）年、⑱一八五〇（嘉永三）年）派遣され、そのうち第一回（京都まで）を除いた計一七回近江を通行して江戸に向かった。

使節はまず薩摩に到着し、瀬戸内海を通って大坂に至り、淀川をさかのぼって伏見に至り、そこから陸路で京都は経ずに近江に入った。一七一〇年の第七回までは東海道を通ったが、桑名宿と宮宿の間の海上路である七里の渡しは海難事故が発生する難所であることから、第八回からは中山道を通行するようになった（なお、朝鮮人街道は通行しない）。琉球慶賀使・謝恩使は百人程度で、薩摩摩藩関係者らと共に進むとは言え、一行の規模は朝鮮通信使と比べると小さいものであった。

朝鮮通信使の場合は各使節の使行録が残っており、その近江との関係が紹介されてきた。一方、琉球慶賀使・謝恩使の記した史料は残念ながらほとんど現存していない。そのため朝鮮使節より長期間にわたり、回数も多かったにもかかわらず、琉球使節と近江との関係はあまり知られてこなかった。わずかながら今回見つけることが出来た史料をもとに、その足跡の一端を明らかにしたい。

次節からは、往路の順番で朝鮮使節・琉球使節が通った近江の地を見ていく。

大津・膳所

京都を出発した朝鮮使節は、逢坂関を越え、大津に至って昼食となることが多かった。昼食場所は本長寺で、第九回では旅程の都合で同寺に宿泊したこともあった。客人をもてなすことを「馳走」と言い、宿泊・食事・荷物輸送の準備をする担当者である「馳走衆」は通信使の派遣が決まると任命されたが、大名の所領であればその領主が、幕府直轄領などは周辺の大名や旗本が任命された。通信使の記録には、このような休息・宿泊の準備だけではなく、沿道を掃き清め、一〇里ごとに茶屋や雪隠を設け、沿道に生垣を作るなどの整備がされていたことが記されている。伏見を出発した琉球使節も、大津で休憩や宿泊を行った。

柏原宿の『萬留帳《よろずとめちょう》』が「御上洛・朝鮮人・琉球人、国中三番の大騒ニ申習し候」と記すように、朝鮮使節・琉球使節が通行する宿駅や街道の道筋の準備・負担は大きなものがあった。朝鮮使節の場合は使節の規模が大きいため、休憩や宿泊地が特定の寺院や臨時に設けられた茶屋となることが多く、休憩・宿泊地はある程度一定であった。一方、琉球使節は使節の規模が比較的小さいため、参勤交代など公用で用いられる本陣で休憩や宿泊することが多く、どの宿駅で休憩・宿泊したかは回によって異なった。

大津を出発した朝鮮使節・琉球使

節は膳所城下を通り瀬田唐橋へ向かうが、その途上で広大な琵琶湖を目にすることになる。朝鮮国内にはこのような大きな湖はなく、また湖畔に突き出すように作られた膳所城の優雅な姿とも相まって、朝鮮使節は詩文の中でしか知らない、天下に名高き中国の洞庭湖・岳陽楼を思い浮かべた。

膳所藩は京都での接待を担当していたが、第一〇回使節の従事官である曺命采《チョミョンチェ》『奉使日本時見聞録』、および子弟軍官である洪景海《ホンキョンヘ》の『随槎日記』には、瀬田唐橋の東側の村（往路は新田村、復路は大萱村）で膳所藩の饗応を受けたことが記されている。曺命采によると、膳所藩主・本《ほん》多康桓《だやすたけ》が奉行を送って

湖上城東一小亭　玉珂此處暫將停
勸君今日莫辭醉　萬里清風從北溟

（琵琶湖のほとりの膳所城の東にある小さな東屋。馬の歩みを、この地に暫し停めていただこう。さあ、今日は酔うまで、どうぞ。万里の清風のごとき方々は、はるかな北の海から来たのですから）（早川太基氏訳）

という絶句と、「夕照酒」、詩集を献じ、また酒の肴として海参・鶏卵・菓子を供した。洪景海は、「夕照酒」の名が近江八景の「勢多（瀬田）夕照」に因むものであることを記している（なお、朝鮮使節・琉球使節は近江八景を題材にした漢詩も詠んでいる）。曺命采は、第九回使節の京都での接待役に当たった祖父の本多《ほんだ》康慶《やすよし》が、使節が膳所を通った際に詩文交流を行っており、孫の康桓がそれに倣ったことを記しており、風流な饗応にことのほか喜び、厚意に感謝して詩を送った。

この詩文の交流は藩士と使節随員の間でも行われ、膳所藩に仕える儒者松井原泉が製述官朴敬行《パクキョンヘン》、正使書記李鳳煥《イボンファン》、副使書記柳逅《ユフ》、従事官書記李命啓《イミョンゲ》と唱和した詩巻が高月観音の里歴史民俗資料館に所蔵されている。

東海道と中山道の分岐点・草津

その後朝鮮使節、琉球使節は東海道と中山道との分岐点である草津に至るが、朝鮮使節は草津で少し休憩する程度で、宿泊先の守山まで向

かった。一方、琉球使節は草津宿で宿泊や休憩した。第八回使節の掌翰《しょうかん》使《し》で琉球を代表する文人・程順則は復路での草津宿滞在中、京都の公家で当代随一の文化人・近衛家熙《いえひろ》から

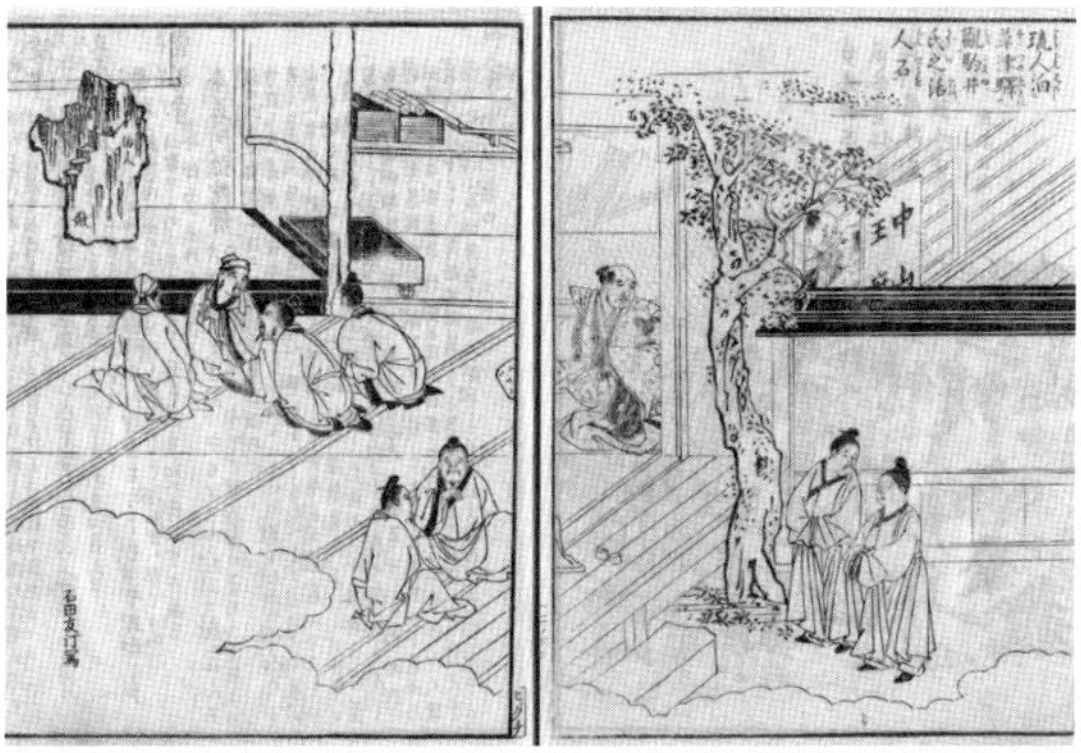

図２　『東海道名所図会』巻２

の依頼で鴨川にある彼の別荘・物外《ぶつがい》楼《ろう》についての詩文を作成している（『程氏家譜』）。また楽正として参加し、のちに組踊を創始する玉城朝《たまぐすくちょう》薫《くん》は近衛家熙、藤原通茂から扇子に琉歌を書くように求められて献じている（『向姓家譜』）。

　また、草津宿の駒井氏が所蔵する栗の木の化石と考えられていた「活人石」なる奇石を琉球使節が鑑賞する様子が、『東海道名所図会』に描かれている。詳しい説明がないため、いつ琉球使節が鑑賞したのか不明であるが、琉球使節は草津でひと時ゆったりとした時間を過ごしたのであろう。

　琉球から出発して往復二年はかかる江戸立は身体的負担が大きな旅であり、使者が道中で命を落とすこともあった。正定寺には、第一八回使節の掌翰使で、帰路に草津宿で亡くなった渡久地親雲上《とぐちペーチン》が埋葬された。明治になってから親族が墓を移したため、現在は存在しない。

　草津を出発した琉球使節は第七回目までは草津から東海道をそのまま進み、石部宿、水口宿、土山宿で休憩や宿泊を行い、第八回目からは中山道を進み、守山宿、鏡宿、武佐宿、愛知川宿、高宮宿、鳥居本宿、番場宿、醒井宿、柏原宿で休憩や宿泊を行った。

守山

　草津宿を通過した朝鮮使節は守山宿で宿泊となる。三使（正使・副使・

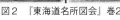

従事官）らは東門院（守山寺）に、他の随員は付近の寺院や民家に宿泊した。また第八回琉球使節が同寺に宿泊したこともあった。朝鮮使節は正式な饗応膳である七五三の膳（本膳が七菜、二の膳が五菜、三の膳が三菜）でもてなされた。東門院に伝わっていた朝鮮使節の筆による扁額などは、一九八六年の火災により残念ながら失われている。

　守山では、東門院近隣に居がある町年寄の宇野春敷《はるのぶ》と、その子で儒者の醴泉《れいせん》が、朝鮮使節と交流を持ったことが知られる。宇野家には第一〇回使節の徐慶元《ソキョンウォン》が春敷に贈った漢詩が小屏風に仕立てられて伝わっている。また醴泉は、後述の望湖堂にこの第一〇回使節の書き残した詩を見に行って、漢詩を賦したり、次の第一一回使節に漢詩を贈っている。

中山道と朝鮮人街道の分岐点・野洲行畑

　守山を出発した朝鮮使節は、野洲の行畑で中山道から、朝鮮人街道に入る。この街道は「浜街道」・「下街道」などとも呼ばれ、中山道の宿場が整備されてからは一般の旅行者の往来は多くはない道筋であったが、通信使の来日が決まると前年から通行のための準備を命じられ整備が行われた。中山道と朝鮮人街道の分岐点にあった道標は、現在近隣の蓮照寺境内に保存されている。

行畑の朝鮮人街道と中山道の分岐点。右が中山道、左が朝鮮人街道。

八幡

　朝鮮人街道に入った使節が昼食休憩を取ったのが、八幡の本願寺別院である。もともとは金台寺と呼ばれた同寺は、三使らの昼食場所となり、他の随員や対馬藩関係者は正栄寺・蓮照寺・将積寺・正福寺などの寺院や商家に分散した。三使は七五三の膳に次ぐ、五々三（本膳が五菜、二の膳が五菜、三の膳が三菜）の膳でもてなされた。本願寺別院には、第八回通信使の従事官李邦彦《イバンオン》が帰路に立ち寄った際に記した七言絶句の詩書が伝わっている。

通信使が八幡で通った道は京に通じることから「京街道」と呼ばれたが、現在「朝鮮人街道」として整備され、石碑が建てられている。この朝鮮人街道の道筋を描いた『江州蒲生郡八幡町惣絵図』は、李邦彦の詩書とともに「朝鮮通信使に関する記録」の一部としてユネスコの「世界の記憶」に登録されている。

彦根

八幡を出発した朝鮮使節は宿泊地の彦根に向かう。彦根では宗安寺が三使らの宿泊先となった。その他の使節は、来迎寺・大信寺・願通寺・明性寺・蓮華寺に宿泊した。使節に同行する以酊庵《いていあん》僧の宿舎になった江国寺には、第六回使節の写字官・金《キム》義信《ウィシン》の筆による「江国寺」の扁額が現存する。

宗安寺には黒門と呼ばれる小さな門があり、朝鮮通信使をもてなす料理に使う肉類を運び入れるために作られたとされてきた。しかし、宿泊に関しての彦根藩史料を検討した野田浩子氏は、それらに黒門についての記述が見当たらないことを指摘し、通説を否定している。

また同寺には「伝朝鮮高官図」が伝来し、彦根市指定文化財となっている。通信使から伝わったものではないかとされているこの肖像画だが、韓国の研究者・趙善美《チョソンミ》氏は、朝鮮の肖像画ではなく、明の文臣を描いた一五世紀中盤から後半の肖像画であることを指摘している。明の肖像画がどういった経緯で宗安寺に伝来したのか、大変興味深い問題である。

前述の通り最初の三回の使節は被《ひ》虜人《りょにん》を連れ帰ることが目的の一つであったが、彦根周辺にも被虜人が暮らしており、使節に会いに来た。第三回の往路では、宗安寺に宿泊する使節のもとに両班の娘だという二人の女性が訪ねて来た。故郷の様子を尋ねようとするが、日本にやってきて長い年月が過ぎたため、朝鮮の言葉を忘れていた。父母の消息を尋ねて涙を流す二人に、使節は帰国したいか尋ねたが、彼女たちは連れていた幼い子供を指さし、帰国は難しいと断っている。復路では彦根にいた朝鮮人女性三人が守山まで一行を追って来た。一人は両班の娘で八歳のときに日本に連れて来られ、守山には一四歳の娘を連れていた。彼女たちが帰国したのかは不明である。

彦根藩主は江戸城で将軍と通信使の対面の儀式に列座するため、第四回目以降は彦根には不在であった。そのため、彦根藩で三使の応接を担当したのは家老ら重臣であった。

彦根での応接は大変手厚いものであった。例えば第三回使節の副使・姜弘重《カンホンジュン》は、「代官の岡本宣就《のぶなり》、木俣守安がやってきて饗応を担当した。（井伊）直孝も人目につかない身なりで自らやってきて監督した。そのため宴会の設えや道具、食事の手厚さ、接待の礼儀正しさは、他の駅とは異なっていた」（『東槎録』）、第六回の従事官・南龍翼《ナムヨンイク》は、「往路での接待は、他の諸駅より群を抜いて優れていた。今（帰路）に及び整備された道の恭しく慎み深いこと、厨房（から供される食事）の豊かさ、酒食の器具の豪奢さ、人夫・馬の秩序だった様子は、往路の倍である。路傍の所々で、お茶や酒以外に果物や餅・煙草も茶と一緒に準備し、お盆に載せ、捧げ持って道に座している。下輩が煙草やお茶を一服すれば、諸倭は喜びで表情を変える。使臣の座席は、みな刺繍で縁取られていた。大小の火鉢はみな純銀製であった。浴室や厠も、極めて豪華である」（『扶桑録』）、雨森芳洲との交流で知られる第九回の製述官・申維翰《シンユハン》は「三使の宿所の屏風と帳幕は最も華やかで美しく、盥や水差しは金が塗られ、食事の匙は銀で飾られていた。中官・下官にも火が通った温かい食事が供され、他の宿所も清潔であった」（『海游録』）と記す。

料理は三使には七五三の膳が供された。使節の好みに合わせるため、例えば第四回使節の際には、井伊直孝は島原藩主から生きた豚をゆずりうけて使節に供している。彦根藩は出迎えにも心を配り、夕刻に城下に到着することになる使節を迎えるため、犬上川のあたりから家々に灯りを懸けて道の左右から照らしたり、提灯を持って出迎え、雨のときは傘や雨具を持って領地の境まで出迎えた。また遅くとも第七回以降は、彦根藩領に入ってすぐの山崎山の麓に茶屋を立て、使節の好む煎茶を供した。山崎山近隣の崇徳寺には第八回の正使・趙泰億《チョテオク》の記した「大智山」の扁額が伝わっている。

宗安寺では彦根藩士や僧侶と使節との間で交流が持たれた。第九回使節の申維翰が彦根の民は文辞を好むと記しているように、夜遅くまで熱心に交流が持たれた。第四回使節の正使任絖《イムガン》が復路で彦根に宿泊した際に家老の岡本宣就と宗安寺で唱和した漢詩は、ユネスコ「世界の記憶」に含まれている。第八回の際には、彦根の龍潭寺《りょうたんじ》第六世藍渓慧湛が宗安寺にやってきて使節と唱和しており、このときの詩も現存している。また第九回の際には、同じく龍潭寺の僧侶璘渓がやってきて申維翰と交流した。「園頭科」という造園技術を持つ僧侶の養成科があり、日本の造園学の発祥の地とされる龍潭寺には、普通の槿《むくげ》とは異なり九〇度まで大きく開いて咲く「龍潭寺白」という寺名が品種名に入った白い槿が存在する。この槿は通信使との交流の中で伝わったものではないかと言われている。

興味深いのは、江戸時代初期の朝鮮との外交交渉でキーパーソンとなった堂上訳官・洪喜男《ホンヒナム》と家老木俣守安との間で交わされた書状である。洪喜男は第三回から六回まで四度にわたり来日しており、木俣と親しくなった。彼が最後の来訪となった第六回の復路で彦根に宿泊した翌日に送った日本語で書かれた書簡が、彦根城博物館に所蔵されている。洪喜男は彦根藩の接待のすばらしさを本国に報告するとしたうえで、今回は最後の来日になるはずなので三幅一対の木俣の描いた絵が欲しいと願った。この絵を木俣の形見とし、日本の表具をして息子に伝える、彦根で直接木俣からもらった絵には讃を付すので、自分の形見にしてほしい、というその内容から、両者の深い交流の程がうかがえる。

二七年後の第七回使節には、洪喜男の孫の洪禹載《ホンウジェ》が堂上訳官として参加していた。彼の記した『東槎録』には、洪禹載が使節の一員として来ていることを聞いた重臣の戸塚正鐘がわざわざ会いに来たことが記されている。第五回、六回使節の際に洪喜男の接待を行っており、今年七八歳となった戸塚が往時の話を聞かせてくれたことを洪禹載は喜んだ。復路彦根で再会した際には、洪禹載は戸塚に詩を贈っている。

摺針峠の望湖堂

彦根を出発した朝鮮使節一行は朝鮮人街道を進み、合流地点である鳥居本から中山道を進んで美濃に向かうことになる。

中山道を進む朝鮮使節・琉球使節は、鳥居本から番場に向かうために摺針《すりはり》峠を越えることになる。摺針峠には、琵琶湖の絶景を望める望湖堂という茶屋が存在した。この茶屋は歌川広重の「木曽海道六拾九次之内　鳥居本」にも描かれている。

朝鮮使節・琉球使節は名物の摺針

鳥居本の道標。この「彦根道」が朝鮮人街道。

図３　「木曽海道六拾九次之内　鳥居本」

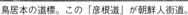

餅などの接待を受けて一休みし、望湖堂の主人に求められて書や詩を書いた。望湖堂から望む絶景を第一七回琉球使節の楽師・魏学賢はこのように描く（『東游草』巻中、「望湖堂勝概」）。

望湖堂搆摺針巓　撫景登臨別有天
屴崱青山廻座麗　玲瓏白水入眸鮮
偸閑指點情忘俗　寄興盤桓趣欲僊
縦使故郷多勝槩　也應譲爾十分妍

（望湖堂は摺針峠の頂に建てられ、景色を楽しみつつ登れば、ここに新たなる天地が開けている。そびえ立つ青き山はうららかに座席から眺めわたせ、美しき珠玉のような白き湖水は、鮮やかに瞳に収められた。のんびりと風景を指させば俗事を忘れ、興に乗じて楽しめば、仙人の気分になれる。故郷にも優れた景勝が多いとはいえ、「あなた」には王座を譲るだろう）（早川太基氏訳）

望湖堂は一九九一年に焼失してしまったため、残念ながら朝鮮使節・琉球使節の残した書や扁額などは現存しない。第一〇回朝鮮使節の金啓《キムケ》升《スン》の筆による「望湖堂」の扁額や曺命采ら三使の詩「題望湖堂」が焼失以前には伝わっていた。

幸いなことに曺命采の「題望湖堂」を記した湖東焼が存在し、その詩を知ることができる。

六月東華客　帰衫振此樓
平生湖海想　更得異邦遊

（六月、「東華」（日本のこと）の地の旅人は、帰途の衣の塵を、この楼閣でふるい落とす。私はいつも江湖を駆け巡ることに思いを馳せていたが、

図４　曺命采「題望湖堂」が書かれた湖東焼。反対面では「望湖堂」と墨書する文人が描かれる。

今回さらに異国に遊ぶことができた）
（早川太基氏訳）

この湖東焼は鳥居本宿で旅館を営みながら湖東焼の絵付を行った幕末～明治初期の絵師・自然斎《じねんさい》の作と推測されており、地元鳥居本に因んだ画題として選ばれたと考えられる。朝鮮使節が通行しなくなって百年近く経っても、使節の存在は忘れられていなかった。

また、望湖堂に立ち寄った人物の記録から、どのような扁額や書がその当時存在していたかを知ることが出来る。例えば一八〇二（享和二）年に大坂から江戸に向かう道中で望湖堂に立ち寄った大田南畝は、琉球人「梁素園」の詩が記された屏風の存在を記している（『壬戌紀行』）。「梁素園」とは第一二回使節の楽師であった梁廷枢のことである。また江戸時代後期の戯作者・高橋仙果の『仙果浪花道中記』には望湖堂を訪れた際に見た扁額のスケッチや詩が書かれており、第一五回琉球使節の儀衛正・鄭嘉訓の「望湖堂」と第一七回琉球使節の魏学賢の「水清山秀」の扁額の存在を知ることが出来る。

厳しい峠を越えた朝鮮使節・琉球使節は、番場宿、醒井宿、柏原宿を通り、美濃に向かう。使節が近江を通行するのに要したのは三～四日であった。

参考文献

・趙善美「日本 宗安寺 및 總持寺 所藏 肖像畫 三點에 대하여（日本宗安寺および総持寺所蔵肖像画三点について）」（『미술자료（美術資料）』六四、二〇〇〇年）
・仲尾宏「近江と朝鮮通信使」（『朝鮮通信使の軌跡 増補・前近代の日本と朝鮮』明石書店、一九九三年）
・野田浩子『朝鮮通信使と彦根』（サンライズ出版、二〇一九年）
・横山學『琉球国使節渡来の研究』（吉川弘文館、一九八七年）
・宮城永昌『琉球使節の江戸上り』（第一書房、一九八二年）

図版出典

図1：野田浩子『朝鮮通信使と彦根』
図2・3：国立国会図書館デジタルコレクション
図4：谷口徹氏提供
写真：筆者撮影

13 近江の石造物

―石に秘められた湖国の語り―

佐藤亜聖
Asei Sato

石の国近江

みなさんは「石造物」という言葉をご存じだろうか。文字通り「石で造られた物」のことである。五輪塔や宝塔などの石塔はもちろん、石仏や狛犬といった彫刻品、鳥居や石屋形のような建築物、臼や鉢などの日用品など幅広いものが石造物の枠組みにあてはまる。もちろん先史時代の石器や古墳時代の石棺、果ては石屋さんの店先にあるゴジラの彫刻なども石造物に相当するのだが、これらのうち慣例上、七世紀以降のものが石造物研究の主な対象になっている。

石造物によく似た言葉で「石造美術」という用語もある。これは石造物研究に大きな足跡を残した故川勝《かわかつ》政太郎《まさたろう》博士が定義づけられたもので、石製遺物に対して美術史的観点から付与した用語である（ただし川勝は必ずしも美術史の枠組みに収まらないことを明記している）。美術史学に限らず民俗学、文献史学、考古学など様々な学問が研究対象としうる石製遺物について、特に考古学を専門とする私は「石造物」という用語を使用したい。近年複数の学問分野が協力して石造物を対象とした研究に取り組む事例が急増し、歴史研究においてその重要性が急速に高まっている。石造物という用語はこうした学問事情にも叶ったものである。

さて、近江はこうした石造物、とりわけ中世以前の石造物が豊富にのこる地域の一つである。近年刊行された『日本石造物辞典』（吉川弘文館、二〇一二年）では全国一五〇三件の中世石造物が所収され、そのうち滋賀県は九〇件の記載がある。これは京都府一四四件、奈良県一一九件に続く多さである。もちろん執筆者、編集者の意図によって掲載の多寡はあるが、近江がいかに豊かな石造物文化をもつ地域であるかは感じ取っていただけるはずだ。

渡来人と古代石造物

さて、近江には全国的に有名な古代石造物が二つある。一つは栗東市の東部に広がる山岳地域に営まれた古代寺院狛坂寺《こまさかでら》跡地に残る巨大な**磨崖仏**《まがいぶつ》（崖に刻んだ仏像）である。草津駅からバスに乗り、終点上桐生からさらに山道を歩くこと約一時間でようやくたどり着ける場所にあり、簡単に見学することはできないが、その様式は紛れもなく八世紀を前後する時期のものであり、独特の足の組み方や、左右脇侍《きょうじ》が両足を一八〇度開く姿は、日本よりもむしろ半島の影響を強く受けたものと考えられている。蒲生郡を中心に、近江各所に配置された渡来人の強い影響を見ることができる仏像である。

写真１　狛坂寺磨崖仏（狭川真一氏提供）

写真２　石塔寺三重層塔

さて、こうした渡来人の影響を知ることができる石造物がもう一つある。東近江市石塔町にある**石塔寺**《いしどうじ》**三重層塔**（以下石塔寺塔と呼称）である。石塔寺は山号を阿育王山《あいくおうざん》とするが、これは境内に立つ特殊な三重塔がインド・マウリヤ朝の王アショカ王（阿育王）が造らせた八万四千塔の一つであるという伝承にちなんだものである。高さ七・四mを測り、細身で高い軸部、薄くて幅の広い屋根を持つ。相輪《そうりん》（尾根の頂に立つ竿のような部材）は後世に差し替えられたものだが、それ以外は創建当初のものと考えられている。きわめて特殊な形状のもので、日本国内には他に例がなく、半島百済のものに類似しているため、『日本書紀』天智天皇八年（六六九）条にみられる蒲生郡への百済系渡来人移住記事と結び付けて七世紀後半のものと推定されている。ただし、七世紀の半島に同じ形状の石塔はなく、最もよく似ているのは一〇～一二世紀頃の造立と考えられている**韓国忠清南道長蝦里《チャンハリ》石塔**であることから、石塔寺塔も平安時代のものであるとする見解もある。

写真3　韓国忠清南道長蝦里石塔

　長蝦里石塔は確かに韓国国内の石塔の中では最も石塔寺塔に類似する形態を持つ。しかし、屋根の形状、塔身の組み合わせ方、軒下、軒上段形の有無など、異なる点があまりに多く、形状の類似を年代の根拠とするのは無理がある。ここで注目したいのは石塔寺塔最上層軒下に一条の溝が刻まれていることである。この溝は雨水を塔身に流さないための水

写真4　江原道陳田寺跡三重石塔軒裏の水切り溝（統一新羅時代）

写真5　石塔寺三重塔軒裏の水切り溝

切り溝であり、韓国石塔には多く見られる。ところが、古代・中世を通じて日本の石塔にはこのような雨水処理を行うものがなく、半島で実際に石材加工に関与していた人間でないと思いつかない技法である。平安時代に半島から石工が渡来して半島的な層塔を建てる必然性が認められない以上、石塔寺塔はやはり七世紀後半の百済系渡来人によって建てられたものとすることが妥当だろう。形態が半島のものと異なるのは渡来人の中に正確な石塔の設計図を伝える者がなく、石塔の漠然としたイメージのみが伝わったことによるものと思われる。因みに日本において花崗岩が広範に利用されるのは一三世紀以降であり、それ以前は七世紀後半〜八世紀初頭に限定されることも裏付けになるだろう。

　このように近江には渡来人の足跡が石造物に色濃く残されている。これらの石造物はいずれも信仰の対象であり、彼らのコミュニティが強固な結びつきを保って日本社会に溶け込んでいたことを示すものであろう。

近江の鎌倉時代石造物

　平安時代後期から鎌倉時代に入ると全国各地で石塔、石仏を中心に石造物が造立されるようになり、近江でも独自性の強い石造物文化が花開く。戦国時代の小型品も含めると近江全体でおそらく十万を超える中世石造物が存在すると考えられるが、その全貌把握ははるか先の課題である。ここではすでに知られる鎌倉時代のものを中心に概観しよう。

　近江の石造物研究の先駆者田岡《たおか》香逸《こういつ》によると、鎌倉時代の紀年銘《きねんめい》石造物（年号が刻まれた石造物）九二点のうち最も多いのが宝篋印塔《ほうきょういんとう》（三八点四一％）であり、次に宝塔《ほうとう》（二三点二一・七％）、層塔《そうとう》（九点九・七％）、五輪塔《ごりんとう》（四点四・三％）が続く。大和や河内、和泉など他地域では通常五輪塔が最も多く、宝塔をほとんど見かけないが、近江における宝篋印塔・宝塔の多さは特筆に値する。

　宝篋印塔とは宝篋印陀羅尼《ほうきょういんだらに》という呪文を納めた石塔が原義である。ただしその原型は中国呉越国王銭弘《ごえつこくおうせんこう》俶《しゅく》がアショカ王に倣って諸国に配布した銅製の八万四千塔をモデルとしており（筆者はこの間に中国福建省の石造阿育王塔が介在すると考えている）、阿育王塔信仰が根底に存在する。わが国の天台宗は仏教経典のやり取りや留学僧を介して呉越国と強いつながりがあり、また儀礼のうえでも宝篋印陀羅尼を多用する。また近江には先に見た石塔寺三重塔をはじめ阿育王塔信仰が展開しており、こうした素地の上に宝篋印塔が展開したことがうかがえる。宝塔についてもその出典が法華経見宝塔本《ほけきょうけんほうとうぼん》という経典にあることから、法華経を根本経典とする天台教学の影響下で成立した塔である。したがって宝篋印塔と宝塔が突出する地域性は比叡山延暦寺の膝元という地域的特徴がはっきり現れているとみられる。

さらに鎌倉時代の紀年銘石造物の分布をみると、湖東地域が全体の約六〇％を占め、なかでも蒲生郡日野町、東近江市蒲生町だけで当該期近江全体の四分の一の石造物が存在する。この地域が近江石造物の中心であったと考えることができるだろう。

この蒲生郡は伊賀を介して大和と強い関係を持つ地域である。平安時代から鎌倉時代の近江地域は、黒色土器と呼ばれる内側を黒くいぶす土器椀が使用されるが、蒲生郡だけは大和で焼かれた瓦器椀と呼ばれる特徴的な土器椀を模倣したものが分布するなど、大和に起源をもつ職人たちが活躍した地域である。石造物についても、近江に先行して広く花崗岩製石造物を制作していた大和の石工たちが何らかの関与をしたものと思われる。ただし、隣接する甲賀町までは基礎を無文にする大和のものとよく似た宝篋印塔が造られるのに対し、日野町、旧蒲生町域のものは当初から基礎にハスのつぼみを刻んだ格狭間《こうざま》（枠の中に配置される突起のあるスペード形のような文様）を配置したものが造られており、単純に大和の影響だけとは言い切れない部分を持っている。まだまだ検討すべき課題は多い。

様々な供養の形態

集団供養と個人供養

石塔というと「墓石」、と思う方が多いだろう。しかし石塔とは本来仏陀のお骨（舎利）をおさめた仏塔（ストゥーパ）である。したがって墓石として使用するのではなく、仏様に縁を結ぶ（結縁）ことで救済を求めるのが本義である。それがいつしか死者供養と密接に結びつき、やがて墓石へと変化してゆく。こうした石塔・石仏を介した供養のかたちについて事例をみてみよう。

　ＪＲ草津線石部駅から北に一km、湖南市菩提寺に少菩提廃寺《しょうぼだいはいじ》という寺跡がある。天平三年（七三一）に、東大寺初代別当で、一説に近江国百済氏出身とも伝えられる良弁《ろうべん》が開基となり、興福寺別院（末寺）として創建されたとされる寺院である。かつては周辺一帯に坊院が広がる大寺院であったが、六角氏と織田氏の戦闘に巻き込まれ焼失した。

写真６　少菩提廃寺多宝塔

　この少菩提廃寺に、高さ四五四cmを測る巨大な石塔が存在する。低い基礎の上に縦長の塔身を置き、薄い屋根と亀腹《かめばら》形（上下層の間の丸い部分）、軸、斗繰《ますぐり》（上層の直下に入る部材）を配置し、その上に屋根を設置する。屋根は二段に造られ、木造建築で言うところの「錣葺《しころぶき》」（大棟《おおむね》から軒までの間に段をつける屋根の葺き方）を表現したものとされている。きわめて秀麗かつ、特殊な石塔で、亀腹形と軸部をもつことから**多宝塔**と分類されている。近隣の湖南市長壽寺《ちょうじゅじ》に類例があるが、珍しい石塔である。

　さて、この塔には次のような銘文が刻まれる。

【塔身】

願主僧　良全／仁治二年〈辛丑〉
七月日／施主日置氏女

【基礎石】

菩提寺石塔／寄進田地事／合一町
五段／[判読不明]／右志者為□□／
如法［　］二親［　］／仁治二年
〈辛丑〉七月日

　この銘文からはまず、この石塔が建てられたのが仁治二年（一二四一）であることがわかる。これは年号のあるものでは近江で三番目の古さである。さらに、この石塔を立てたのが良全という僧侶で、金銭的なバックアップを日置氏の女《むすめ》が引き受けており、そのために自分の所有する水田一町五段を寺に寄進したこと、日置氏の女はこの行為を自分の両親の供養のために引き受けたことが記されている。鎌倉時代は女性にも財産が均等に分与され、女性も十分な財産を得る権利を有していた。こうした両親の供養を行うことができたのは相当の資産を有していたことによるのだろう。日置氏については詳しいことはわからないが、近江日置神社にほど近い近江高島市水尾神社に同じ仁治二年の二親供養銘石塔残欠があることは興味深い。

では願主良全は何のためにこの石塔を建てたのだろうか。良全が菩提寺の僧であることは疑いなく、けた外れに巨大なこの石塔を建立したその目的は、寺内一山の結束を強化することにあったと思われる。本石塔は「普会塔」と伝えられているが、普会塔とは僧侶たちの共同供養塔のことであり、一山の僧侶が死後も結束して仏法を守り続ける意志を示すものである。

僧侶として一山の結束を固めたかった良全、僧侶の活動をバックアップし、仏塔を建立することで両親の供養を望んだ日置氏の女性資産家、二人の信仰心が巡り合ったことで、いま我々はこの美しい石塔を目にすることができるのである。

武家の墓

少菩提廃寺多宝塔は集団供養と個人供養が組み合わさった供養塔であったが、鎌倉時代にはすでに武家、僧侶の間で個人供養の石塔が多く建てられている。

米原市**徳源院**《とくげんいん》は丸亀藩第二代藩主京極高豊《きょうごくたかとよ》によって創建された寺院であるが、その前身は近江源氏京極家の菩提寺清滝寺《きよたきじ》である。ここには永仁三年（一二九五）銘京極氏信塔を最古として、京極家歴代の墓塔一八基が上段に、下段に近世丸亀藩京極家藩主の墓がそれぞれ並べられている。すべて宝篋印塔で、いずれも基礎上に反花座《かえりばなざ》（蓮華の花びらを表現した台座）を配し、基礎には蓮華を陽

写真７　徳源院京極家墓所

刻する。同じように歴代の宝篋印塔を並べる事例は広島県三原市小早川家墓所があり、中世武士団の墓地のあり方を示している。

徳源院京極家墓所宝篋印塔で気になるのは、基礎に刻まれる年代と屋根、相輪の年代観が合わないものや、一見古くみえるものにもかかわらず、風化がほとんど確認できないもの、近江の中世大型石塔ではほとんど使われない砂岩製の部材が使われているものがあることである。徳源院の前身清滝寺は戦国期にはかなり荒廃していたことから、江戸時代前期の丸亀藩京極高豊による復興時に墓所も大規模な整備が行われ、併せて石塔の修理が行われたのだろう。

近世大名による中世墓の整備は先に触れた小早川家墓所でも行われている。近世大名の家格とその継承の正統性を知らしめる意図も込めて、こうした整備が行われたものと考えられる。京極高豊の父高和《たかかず》は同族安毛《やすけ》氏からの養子であり、先代の叔父忠高が一時期改易の危機を迎えたこともあって、家の存続が不安定であった。こうした時期に墓地の整備、石塔の修理を行ったことは、まさに家の継承を宣言する行為だったといえよう。

マチの墓

多賀町の多賀サービスエリア一帯はかつて寺を中心にした都市的な空間であった。その墓地と考えられているのが国指定史跡**敏満寺石仏谷墓《びんまんじいしぼとけだにはか》跡《あと》**である。石仏谷の名の通り、千基以上の石塔・石仏が遺されており、その景観は壮観ともいえる。石造物の内訳は八〇%以上が小型の石仏で、約二〇%が一石五輪塔とよばれ

写真８　敏満寺石仏谷墓跡（多賀町教育委員会提供）

る小さな五輪塔である。これらはいずれも一五世紀以降の小型品ばかりであり、徳源院京極家墓地でみたような大型石造物はみられない。発掘調査ではこうした小型石造物にはほとんど蔵骨器（骨壷）が伴わず、木製品や布など有機質のもので遺骨を包んだか、墓壙に直接遺骨を埋納したと思われる。これらの石造物に使用されている石材は、岩石学的な検討から犬上川流域で採取されるヒン岩、花崗斑岩《かこうはんがん》、溶結凝灰岩《ようけつぎょうかいがん》などが使用されていることが判明している。

徳源院のような壮麗な宝篋印塔を累々と造営した武家の墓がある一方、敏満寺石仏谷墓跡の石造物は一五世紀以降、蔵骨器も使用せず、河原石で製作した素朴な石仏を置くマチの人々の墓が出現することを示している。近江全域でおそらく十数万という中世石造物があると思われるが、その九〇%以上がこうした一五世紀以降の小型石造物である。中世後期にはマチに限らず、ムラに至るまで広く石造物が普及してゆく。そしてこれに伴ってそれまでの供養塔・仏像から「墓石」としての石造物が各地に定着してゆくのである。

石造物が語る中世の流通

中世石造物の研究はこれまで美術史的な鑑賞の対象、金石文学的な銘文判読、考古学的な技術形態観察が研究の中心であった。しかし、近年、形態・石材の観察に基づく新しい研究がはじまっている。

長浜市西浅井町**黒山石仏群**《くろやませきぶつぐん》は賤ケ岳合戦の戦没者を供養した石仏群と地元で伝えられるもので、鎌倉期の五輪塔や層塔とともに二八五基の小型石仏・石塔が存在する。その中

写真９　黒山石仏群の小型石造物

に、近江地域では見かけない暗赤褐色を呈する安山岩《あんざんがん》で造られたものが二六基存在する。これらは敦賀周辺の海岸で採取される石材であり、敦賀周辺から搬入された石造物と考えられる。北陸方面からの物資の搬入

写真10　黒山石仏群の安山岩製五輪塔板碑

写真11　敦賀市松川地蔵堂の安山岩製五輪塔板碑

はこれまで文献史料では豊富に確認できるものの、考古資料では敏満寺石仏谷墓跡で出土した珠洲焼四耳壷《すずやきしじこ》などごく少数にとどまっていた。しかし、石造物の研究が加わったことで、濃密な物資の流通について物的証拠をもって証明することができるようになったのである。

同様の事例は琵琶湖の南岸、大津市の古刹、西教寺《さいきょうじ》の石造物からも確認できる。**西教寺の墓地**には一石五輪塔を中心に膨大な量の中世石造物が遺されている。このうち二一八二基の石材を観察すると三九%にあたる八五九基が近江で産出しない斑レイ岩製のものである。この斑レイ岩は京都北部で産出し、京都市内に多く流通するものであることから、京都方面からの物資の流入をトレースする資料であるといえる。このように石造物は岩石学的研究との協業によって今後豊かな地域間交流を描いてゆくことが期待できる。ただし気

写真12　西教寺墓地（本田洋氏提供）

を付けたいのは、岩石学は自然科学として独自の方法論を持った学問である。学際研究に際しては、他分野の研究に一方的に寄りかかるのではなく、人文科学側の方法論による分析をもとに、互いを尊重しながら相互批判してゆく姿勢を忘れてはならない。石造物研究の側も形態分析の手法を確立し、突き詰めておく必要があるだろう。

ひろがる近江の石造物文化

最後に近江の石造物文化の広がりについて触れておきたい。**写真13**は山口県下関市**功山寺《こうさんじ》宝篋印塔**である。この石塔の基礎に刻まれた蓮華の文様はまさしく近江地域の特徴を示している。また、瀬戸内各所に点在する層塔などは大和系の一三重層塔ではなく、近江に多い五・七・九重のものが大半であり、近江の石造物の影響は瀬戸内各所から九州にまで及んでいる。近江が日本の中世石造物文化に重要な位置を占めるとされるゆえんである。

写真13　山口県下関市功山寺宝篋印塔

これまで中世石造物の研究は大和系石工を中心に研究が進んできた。これは石工に関する金石文資料が大和系石工に集中していたことによる。しかし、形態や技法の研究が進み始めた今、近江系石工の活躍についても研究を進めてゆくことが必要だろう。

石造物の魅力

以上、ごく雑駁にではあったが近江の石造物文化を代表する事例をあげ、その歴史的位置づけと可能性を挙げてみた。とはいえ、近江の石造物をわずかな文章で表現することは不可能で、近江の石造物の魅力のごく一角すら語れていない。今後折を見て発信を重ねてゆきたい。

石造物の面白さはそれが歴史資料として貴重だ、というだけではない。最大の魅力は何と言っても、身近に触れることのできる歴史資料であるということだろう。散歩道の傍ら、夏祭りの神社、ハイキングの休憩所、あらゆるところに歴史資料がたたずんでいるのである。石造物研究はこれまで専門の研究者ではない、在野の方々がけん引してきた。酷暑の夏の日、極寒の冬の日に計測をし、写真を撮り、拓本を採る、こういった調査を多くの方々が仕事の傍ら、楽しみながら続けてこられたのである。

石造物研究の大きな魅力は、決して専門職に就いていなくても、気軽に調査研究ができる点にある。読者の皆さんも、まずは身近な石造物に触れるところから始めていただきたい。

最後にひとつだけ触れておきたいことがある。それは石造物が信仰の対象でもあるということである。研究者にとっては研究対象であるが、石造物を守り伝えてきた地元の人々にとっては大切な心のよりどころである。慣れない拓本によって資料を汚損したり、実測のために許可なく資料を動かすのはもってのほか、石造物を調査する際には敬意をもって作業を行い、調査前には手を合わせるぐらいのことは、ぜひ心がけていただきたい。

石造物を敬う心が石造物を守り伝えることになるのである。

参考文献

田岡香逸『近江の石造美術6』（民俗文化研究会、一九七三年）

14 滋賀県〝道の駅〟めぐり

― 地産地消と観光資源 ―

塚本　礼仁
Reiji Tsukamoto

滋賀県の観光と〝道の駅〟

令和二年（二〇二〇）七月の第五三回登録の時点で、滋賀県には二〇の〝道の駅〟がある。その分布を、あえて見開きの、東海圏から近畿圏にわたる広域地図に落とした（**地図**）。このひと手間を加えると、滋賀県における〝道の駅〟の存在意義がより明瞭になる。

滋賀県商工観光労働部は毎年、『滋賀県観光入込客統計調査』の中で観光入込客数ベスト三〇を公表している。直近の令和元年（二〇一九）版では、ラ　コリーナ近江八幡（近江八幡市、三二二・七万人）、黒壁ガラス館（長浜市、二二二・八万人）、多賀大社（犬上郡多賀町、一七八・三万人）に次ぐ第四位が、〝道の駅〟**⑬藤樹の里あどがわ**（八五・五万人）であった。さらに、**⑰妹子の郷**が第六位（八三・七万人）、**④東近江市あいとうマーガレットステーション**が第七位（七八万・二万人）、**⑩竜王かがみの里**が第一一位（六二・九万人）、**⑤びわ湖大橋米プラザ**が第一二位（五五・九万人）、**⑲アグリパーク竜王**が第一六位（五〇・九万人）、**⑯せせらぎの里こうら**が第二一位（四二・一万人）、**⑧湖北みずどりステーション**が第二二位（四〇・九万人）、**⑮塩津海道あぢかまの里**が第二四位（四〇・四万人）、**⑭伊吹の里**が第二五位（三九・〇万人）、**⑪アグリの郷栗東**が第二九位（三四・五万人）にランクインした。

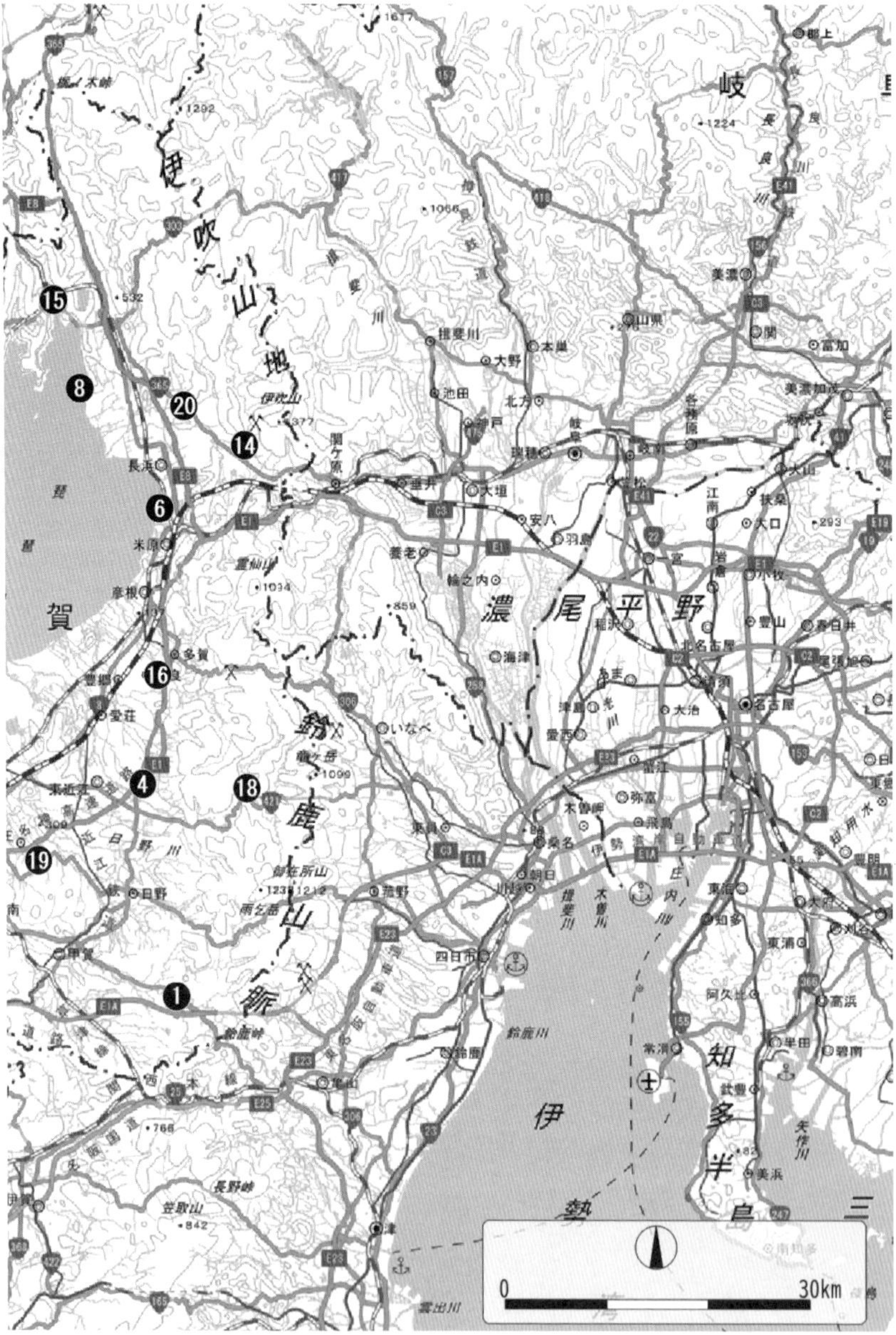

とうマーガレットステーション ❺びわ湖大橋米プラザ ❻近江母の郷 ❼こんぜの里りっとう
峠 ⓭藤樹の里あどがわ ⓮伊吹の里 ⓯塩津海道あぢかまの里 ⓰せせらぎの里こうら ⓱妹

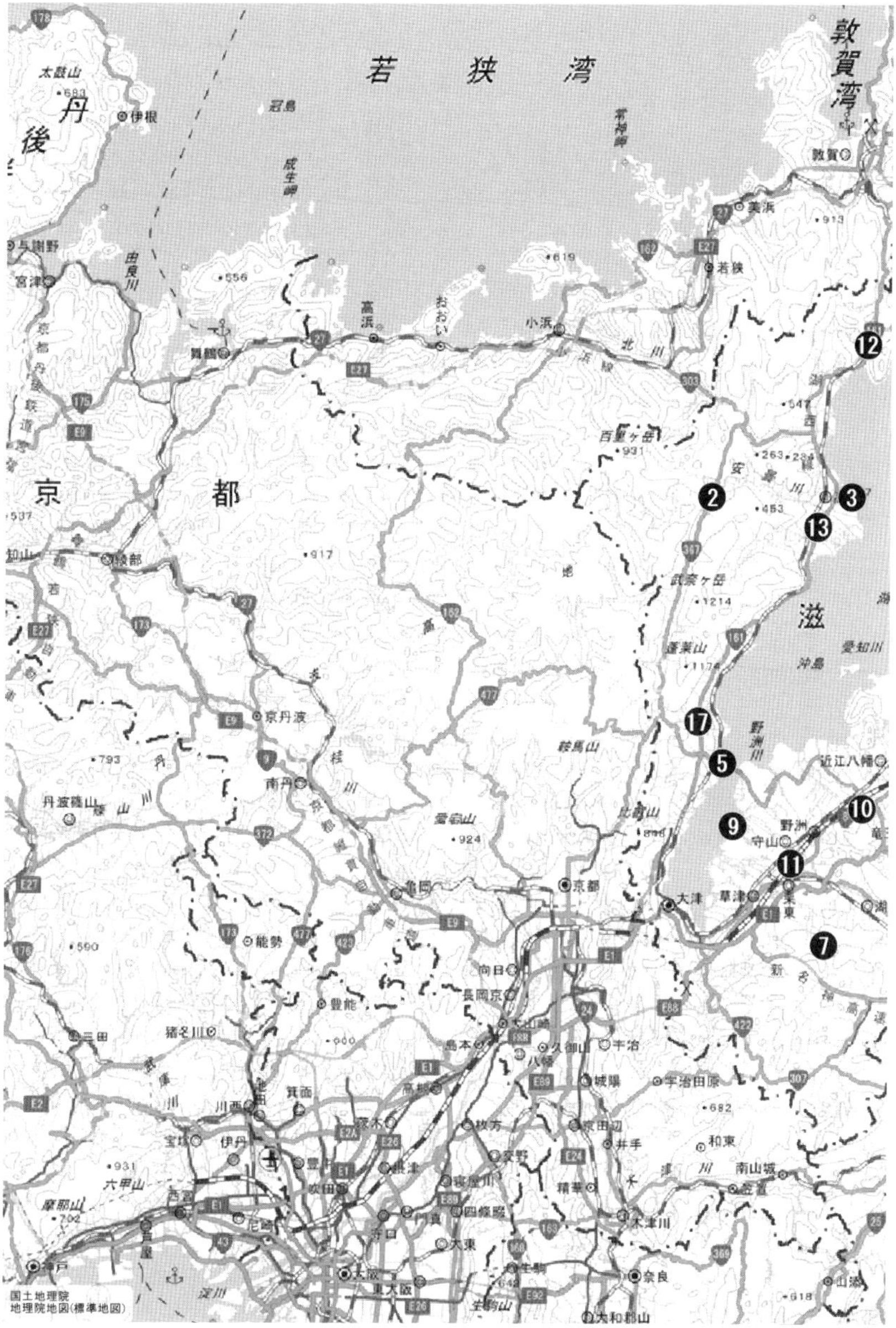

地図　滋賀県の道の駅：❶あいの土山　❷くつき新本陣　❸しんあさひ風車村　❹東近江市あい　❽湖北みずとりステーション　❾草津　❿竜王かがみの里　⓫アグリの郷栗東　⓬マキノ追坂子の郷　⓲奥永源寺　渓流の里　⓳アグリパーク竜王　⓴浅井三姉妹の里（塚本作成）

湖国・滋賀県（近江）は、東西日本の連結部に位置し、「道の国」という顔もある。こうした性格はこれまで、特に観光振興の面では弱点だと考えられてきた。交通の便が良すぎて、泊まってもらえない通過型観光からなかなか抜け出せないとの理由である。

しかし、観光スタイルの多様化が進んだ今日、地域ならではの食材や食文化を楽しむフードツーリズム（食旅）と滋賀県の交通条件が明らかにかみ合い、〝道の駅〟はその拠点として機能している。

せっかくの機会なので、二〇駅すべてを紹介しよう。

滋賀県の〝道の駅〟

番号は登録順で、地図と同じ。なお、新型コロナウィルス感染症拡大の影響により休止中のサービスもある（令和三年三月現在）。

❶あいの土山《つちやま》（甲賀市、平成五年（一九九三）第一回登録、国道一号）

坂は照る照る　鈴鹿は曇る　あいの土山　雨が降る（鈴鹿馬子唄）。滋賀県第一号の〝道の駅〟は、東海道四九番目の宿場である土山に設置され、令和の時代にも宿場の休憩機能を提供し続ける。

地域の特産品は、京都の宇治茶にも使われる「土山茶」。利用者への緑茶無料サービス、個数限定のお茶ソフトクリーム、そしてほっこりくつろげる畳席が人気である。

❷くつき新本陣（高島市、平成五年（一九九三）第一回登録、国道三六七号）

高島市朽木《くつき》は、福井（若狭）から京都へと続く「鯖街道」の中間点にあたり、この〝道の駅〟の特産品販売所には、味自慢の名店からの「鯖寿司」が集まる。立ち寄って、ぜひ食べ比べてみてほしい。

また、ここでは毎週、日曜朝市が開かれる。鯖寿司はもちろん、新鮮な野菜、栃餅、漬物類、原木しいたけ、川魚の加工品といった山の幸が並び、多くの人で賑わう。

❸しんあさひ風車村（高島市、平成五年（一九九三）第一回登録、県道安曇川今津線）

桜並木で有名な高島市新旭町の通称「風車街道」にあり、その名の通りオランダ風の風車二基をシンボルとする。

休憩施設や売店のある従来型の〝道の駅〟であったが、老朽化と国道一六一号の整備による利用者の減少を受けて一日営業を休止し、平成三〇年（二〇一八）七月にグランピング・ＢＢＱエリア、サイクルカフェを備える、琵琶湖岸最大級の休憩施設へとリニューアルした。今後に注目したい。

❹東近江市あいとうマーガレットステーション（東近江市、平成八年（一九九六）第一一回登録、国道三〇七号）

春の菜の花から晩秋の秋ヒマワリまで、季節ごとに彩りを変える花畑の中にある。

コア施設「田園生活館」のショップには、滋賀県の土産物や駅オリジナルの花き・ハーブ商品が並ぶ。また、土日祝日開催の体験教室（料理、フラワーアレンジメント）も盛況である。さらに、東近江市産一〇〇％を謳う農産物直売所、ジェラートが人気のフルーツ・ハーブ工房、ビュッフェレストラン、そば店のいずれもが、地元の素材にこだわりを見せる。湖東三山参拝の折に立ち寄ってみてはいかがだろうか。

❺びわ湖大橋米プラザ（大津市、平成八年（一九九六）第一一回登録、国道四七七号）

琵琶湖大橋のたもとという好立地にあり、その琵琶湖大橋と琵琶湖を、二階バルコニーから一望できる。

直売所には、地場の米、野菜、果物はもちろん、近江牛、琵琶湖の幸の佃煮、近江の地酒、そして信楽焼や高島織物などの県内地場産業製品がずらりと並ぶ。筆者も毎回そうであるが、少しの休憩では済まず、足を止めてしまう。

県庁所在都市における「淡海《おうみ》文化」の発信基地として、ＪＲ大津駅に匹敵するかもしれない。

❻近江母の郷（米原市、平成八年（一九九六）第一一回登録、主要地方道大津能登川長浜線）

湖周道路を渡ればすぐに琵琶湖という、環境の良さが特筆される。

宿泊もできるコア施設「くらしの工芸館」を、物産交流館、テニスコート、屋内多目的グラウンド、公園緑地といった付属施設が囲み、スポーツや勉強の合宿に対応できる珍しい〝道の駅〟である。

食旅の観点からは、駅名物のシフォンケーキと、シルクパウダーを練り込んだ中華麺「フルフルらーめん」（米原はかつて養蚕地であった）が見逃せない。

❼こんぜの里りっとう（栗東市、平成八年（一九九六）第一一回登録、主要地方道栗東市信楽線）

金勝山《こんぜやま》一帯の奇岩・石仏、古刹をめぐるハイキング。「県民の森」（全国植樹祭跡地公園）でのアウトドアレジャー。どちらにしても、この〝道の駅〟が玄関であり、併設の足湯は戻ってきた人の憩いの場となる。

名物としてはまず、県内の〝道の駅〟だとここでしかお目にかかれない猪《しし》肉メニュー（しし丼、ぼたん鍋定食）がある。また、地元の農家が無農薬栽培した「いちじく」とそのジャム、ソフトクリームもお勧めしたい。

❽湖北みずとりステーション（長浜市、平成一四年（二〇〇二）第一八回登録、県道湖北長浜線）

一年を通して様々な野鳥が飛来する、湖北水鳥公園内にある。

湖周道路沿いという好立地であり、「日本の夕陽百選」に選ばれるほどの眺望にも恵まれるが、この〝道の駅〟最大のセールスポイントは、県内のどの〝道の駅〟よりも琵琶湖の幸を満喫できることだろう。

その場で揚げるコアユやワカサギの天ぷらは名物であり、佃煮、煮つけ、エビ豆といった湖魚総菜の品揃えも豊かである。さらにレストランでは、ビワマスの丼やウナギの「じゅんじゅん」（すき焼き風の鍋料理）など、滋賀県民でも食することが稀な湖魚料理を味わえる。

❾草津（草津市、平成一四年（二〇〇二）第一八回登録、県道近江八幡大津線）

琵琶湖に突き出た烏丸《からすま》半島の根元に位置する。琵琶湖大橋より南の南湖岸では唯一の〝道の駅〟であり、ビワイチ（琵琶湖を一周するサイクリング）のサイクリストには貴重な休憩スポットであろう。県立琵琶湖博物館もほど近い。

別称は「グリーンプラザからすま」。地元の農業生産法人が運営する。新鮮な農産物、漬物や味噌といった加工品の充実ぶりには目を見張るものがあり、フードコートの看板メニューは何と「近江米おにぎり」である。隣接する体験農園と合わせると、一日楽しめるだろう。

❿竜王かがみの里（蒲生郡竜王町、平成一五年（二〇〇三）第一九回登録、国道八号）

名称は旧中山道「鏡宿」に由来する。周囲には牛若丸（源義経）にまつわる史跡が多く、この〝道の駅〟から徒歩でめぐることができる。

国道八号線に直接面するため、県下の〝道の駅〟有数の集客力を誇り、新鮮な野菜、果物、米、あわび茸などの特産物、ジャムや味噌などの加工品（野菜ソムリエの資格を持つ地元の女性たちの手による「竜ノコバコ」シリーズ）、焼きたてパン、手づくりの総菜が人びとを出迎える。

地域の魅力を発信する基地として、その存在意義は大きい。

⓫アグリの郷栗東（栗東市、平成一五年（二〇〇三）第一九回登録、県道片岡栗東線）

この〝道の駅〟には名物が多い。甘辛く煮込んだゴボウが主役の「割木の巻寿し」、おからを出さない製法で作られる濃厚な「まるっぽ豆腐」、栗東のフルーツを練り込んだ食パンやイタリアンジェラート、滋賀羽二重もちの杵つき餅。そして、調理・作業風景の見えるこれらの「工房」が、農産物直売所の周りに配置されている。建物も敷地も大きくはないが、農業者と消費者との交流を企図した「アグリの郷」である。

また、この〝道の駅〟は、日本で

唯一の新幹線ｖ・ｉｅｗを謳う。鉄道ファンの皆さまへ。ドクターイエローを狙って見られる〝道の駅〟です。

⓬マキノ追坂《おっさか》峠（高島市、平成一六年（二〇〇四）第二〇回登録、国道一六一号）

北陸（福井県敦賀市）と近畿（滋賀県大津市）を結ぶ幹線道路の「峠」にあり、北陸から来る人はここで初めて琵琶湖を目にする。

地元米を原材料とする米粉パンや駅長が毎日石臼挽きで自家製麺する蕎麦が好評だが、平地と山間地の文化が出会う「峠」ならではの新たな名物も登場した。それは、琵琶湖で獲れた天然ビワマスのフライを米粉パンのバンズで挟んだ「水の郷ビワマスバーガー」（秋冬週末限定かつ個数限定商品）である。チェーン店のフィッシュ・バーガーとは別物なので、是非ご賞味いただきたい。

⓭藤樹《とうじゅ》の里あどがわ（高島市、平成一七年（二〇〇五）第二一回登録、国道一六一号）

近江聖人・中江藤樹の故郷、高島市の歴史文化ゾーンに位置する。湖西道路（国道一六一号）から直接入ることができ、前述のように県下の〝道の駅〟では最大の集客力を誇る。

高島特産アド（安曇《あど》）ベリー関連商品（冷凍果実、ジュース、菓子、ソフトクリーム）、鯖街道の鯖寿司、湖西の棚田で獲れた近江米、近江扇子や高島クレープ（綿織物）といった地場産業製品を一堂に集め、休日には県内のみならず他府県ナンバーの車で駐車場が埋まる。

「道の国」滋賀県において、〝道の駅〟それ自体が観光資源となった事例だといえよう。

⓮伊吹の里（米原市、平成一七年（二〇〇五）第二一回登録、主要地方道山東本巣線）

別称は「旬彩の森」。滋賀県最高峰の伊吹山を望みながら、地域の採れたて野菜や伊吹山の山菜を直に味わえる（伊吹大根ドレッシングが特に人気）。また、お灸や入浴剤といった、伊吹山の薬草関連の特産物も見逃せない。さらに、日本蕎麦発祥の地として、在来種「伊吹蕎麦」の粉や麺を取り揃えており、蕎麦打ちを体験することもできる。

滋賀県と岐阜県西濃地域とのリンクに鑑みても、重要な位置にある〝道の駅〟である。

⓯塩津《しおづ》海道《かいどう》あぢかまの里（長浜市、平成二一年（二〇〇九）第三二回登録、国道八号）

あぢかまの塩津をさして漕ぐ船の名は告りてしを逢はざらめやも（万葉集、作者不詳）。駅名の「あぢかま」は、琵琶湖畔で冬を越す鴨に由来し、塩津を指す枕詞である。

葛篭尾崎《つづらおざき》や海津大崎をめぐる奥琵琶湖観光の拠点であった特産品販売施設を〝道の駅〟に転用したことから、地場産品の販売機能が特に充実している。

なかでも琵琶湖の幸に関しては、一本釣り天然ビワマス、滋養豊かで整腸作用もある鮒ずしの「飯」、一パックに琵琶湖の小魚が総出演する佃煮など、鮮度・品揃え・お買い得感は他の〝道の駅〟の追随を許さない。湖魚を買うならここである。

⓰せせらぎの里こうら（犬上郡甲良町、平成二四年（二〇一二）第三七回登録、国道三〇七号）

地元のスギやヒノキで建てられた地場産品直売所は、滋賀県立大学の学生の手によって改装され、令和二年（二〇二〇）九月にリニューアル・オープンを果たした。

直売所には、地域を流れる犬上川の清らかな水で育った米や野菜、その伏流水で仕込まれた地酒が並ぶ。また、地元の野菜や近江牛を使った石窯ピッツァ、同じく地元の新鮮な鶏卵をふんだんに使ったクレープは人気の逸品である。

加えて、非常時には氾濫水の調整池となる「広場」も、この〝道の駅〟の魅力であろう。走り回ったり、ボールを投げたり蹴ったり、気兼ねなしに凧揚げをしたり。このように子どもと思い切り遊ぶことができるため、筆者は重宝している。また、令和二年一〇月にはドッグランが併設された。

⑰妹子《いもこ》の郷（大津市、平成二六年（二〇一四）第四一回登録、国道一六一／湖西道路）

琵琶湖の西を京都市へ抜ける湖西道路（国道一六一号琵琶湖西縦貫道路）で唯一の休憩施設であり、形態としては「ＩＣ併設型」の〝道の駅〟である。

この〝道の駅〟のある大津市志賀地域では、比良山系のトレッキングをはじめ、夏は琵琶湖でのウォーターレジャー、冬はスキーなどのウィンタースポーツというように、一年を通して自然体験ができる。

このような好立地を活かし、常駐する観光コンシェルジュが、県下の〝道の駅〟では最も充実した「近江牛」メニューでもてなしつつ、湖西での遊び方を紹介してくれるだろう。

⑱奥永源寺《えいげんじ》　渓流の里（東近江市、平成二六年（二〇一四）第四二回登録、国道四二一号）

滋賀・三重県境付近、八風街道沿いに位置する「山」の〝道の駅〟である。特産品コーナーには、永源寺こんにゃく、政所《まんどころ》茶、イワナやアマゴの姿煮といった地元の幸が並ぶ。また、永源寺ダムに近いことから、「ダムカレー」も名物として人気である。

全国的にも例の少ない廃校利用型の〝道の駅〟であり、基本的な〝道の駅〟の機能をはじめ、地域住民の買物支援、東近江市役所の出張所、診療所、緊急時のヘリポート、災害時の緊急避難所といった役割も兼ね備える。地域にとって、なくてはならない「駅」だといえよう。

⑲アグリパーク竜王（蒲生郡竜王町、平成二七年（二〇一五）第四三回登録、国道四七七号）

滋賀県下でも屈指の、農業に特化した〝道の駅〟である。

蒲生郡竜王町の丘陵地果樹園芸生産団地建設構想の軸となった農業公園を母体とし、地域の新鮮な農産物はもちろん、それらを使ったジェラートや焼きたてパン、四季折々のフルーツ狩り、近江牛ＢＢＱを楽しめる。また、「農村田園資料館」や「動物ふれあい広場」といった子ども向けの施設も用意されている。

　なお、アグリパーク竜王の農産・加工力と、**⑩竜王かがみの里**の集客・販売力を結びつけた地域活性化拠点づくりの取り組みが評価され、この二駅は平成二八年（二〇一六）に「重点」道の駅に認定された。

⑳浅井《あざい》三姉妹の郷（長浜市、平成二七年（二〇一五）第四四回登録、国道三六五号）

　歴史好きの本書の読者に浅井三姉妹を解説するのは失礼なので、〝道の駅〟の紹介に注力したい。

「浅井三姉妹の郷」は戦略的かつ挑戦的な〝道の駅〟である。長浜市内でも戦国期の歴史資産が多く交流人口の増加が期待できるエリアに、北陸自動車道「小谷城スマートIC」ができるタイミングで、行政ではなく地元商工会が運営主体を引き受け、はじめから六次産業化や長浜発新規ビジネスの拠点となることを企図して開設された。

　現在、レストランを軸に自然薯の特産化プロジェクトが進んでおり、また、直売所の一角は常設チャレンジショップとして機能している。

展望　食旅のメッカへ

　筆者はこれまでに、滋賀県の二〇の〝道の駅〟をすべて訪れた。公私ともにリピーターの域にあると思う。

　琵琶湖の幸を手に入れたいとき、彦根市在住の筆者は家族を連れて、県北部の〝道の駅〟へプチ遠出をする。コアユの佃煮や鮒ずしは身近なスーパーでも手に入るが、例えば**⑮塩津海道あぢかまの里**の商品はまさに「もの」が違う。また、運が良ければ、天然ビワマスを鮮魚で買える（**写真**）。「湖国」滋賀県といえども、これができる場所は多くない。ここを含めて、**②くつき新本陣**、**⑧湖北みずとりステーション**、**⑬藤樹の里あどがわ**といった長浜市・高島市の〝道の駅〟をリレーすれば、日帰りでも琵琶湖の淡水魚食文化のすべて（焼く・煮る・干す・漬ける・生で食べる）を体験できる。さらに、滋賀県の意外な鯖文化の地域差、すなわち高島市の「鯖寿司」から長浜市の「鯖そうめん」への変化も楽しめよう。

滋賀県「食旅」のコンテンツ：⑮塩津海道あぢかまの里の湖魚と⑲アグリパーク竜王の近江牛BBQ（著者撮影）

湖東から湖南にかけての地域には、「農」の〝道の駅〟が充実している。**⑲アグリパーク竜王**で旬のフルーツ狩りや近江牛の食事（**写真**）を楽しんだ後、帰りに**④東近江市あいとうマーガレットステーション**に立ち寄り、新鮮な野菜を買い、名物のジェラートを味わう。筆者は年に数回、このパターンで家族サービスをする。帰路については同じ竜王町の**⑩竜王かがみの里**へ移動し、自分へのご褒美に竜王町の銘酒を買うという別ルートもある。

繰り返しになるが、滋賀県（近江）は昔も今も「道の国」である。滋賀県（近江）の道を通り、ヒト・モノ・カネ、そして情報（文化）が東西南北へ動くといっても、決して大げさな話ではない。その意味で〝道の駅〟は、滋賀県にとって地方創生時代における成長拠点のひとつであり、かつ、人口減少時代における地域維持のインフラともなり得る。

〝道の駅〟が「道の国」でその理念を実現し、滋賀県がフードツーリズムのメッカとなり得るか。自らもこれまで通り〝道の駅〟めぐりを続けつつ、見守っていきたい。

参考文献

・関満博・坂本宏編『道の駅／地域産業振興と交流の拠点』（新評論、二〇一一年）
・安田亘宏『食旅と観光まちづくり』（学芸出版社、二〇一一年）

Lake YoGo
Mt. IBUKI
Lake BIWA
Yoshi Industry
Ukimido
Old Japanese-style House
The University of SHIGA PREFECTURE
Hiyoshi Taisha
Hachimanbori
Weaving
Shigaraki
kōka-ryu

あとがき

滋賀県立大学人間文化学部地域文化学科には、一三人の教員がいます。本書を作り上げていく中でメンバーの入れ替えがありましたが、執筆者一四人の中で滋賀県出身者は一人しかいません。文書調査や発掘調査といった研究活動で、滋賀県との関わりを以前から持っていたのは四人です。その他のメンバーは、滋賀県で職を得てから近江・滋賀の研究を始めました。そして、はまりました。はやりの表現を使うなら、琵琶湖は〝沼〟です。

そんな私たちが語る近江や滋賀の魅力を、御一緒に楽しんでいただけましたでしょうか。みなさまのフィールドワークのお供に何度でも、この本をお連れ下さい。

本書をまとめるに当たって、次の方々にお世話になりました。記して感謝申し上げます（順不同）。越前町織田文化歴史館学芸員小辻陽子さん、今郷好日会の福野憲二さん、甲賀市教育委員会のみなさま、元滋賀県立大学談話室職員谷口千夏さん、柏原宿歴史館館長谷口徹さん、日本学術振興会特別研究員（ＰＤ）早川太基さん、東京大学准教授渡辺美季さん、多賀町企画課課長補佐本田洋さん、大阪大谷大学教授狭川真一さん

また、文理閣代表の黒川美富子さんにも感謝の意を捧げます。どうもありがとうございました。

滋賀県立大学人間文化学部地域文化学科教員一同

編集担当　萩原和・京樂真帆子

執筆者紹介

亀井　若菜（かめい　わかな）

日本美術史

『表象としての美術、言説としての美術史－室町将軍足利義晴と土佐光茂の絵画－』（ブリュッケ、2003年）、『語りだす絵巻―「粉河寺縁起絵巻」「信貴山縁起絵巻」「掃墨物語絵巻」論―』（ブリュッケ、2015年）

金　宇大（きむ　うだい）

東アジア考古学

『金工品から読む古代朝鮮と倭―新しい地域関係史へ―』（京都大学学術出版会、2017年）、「旋回式単龍環頭大刀の新例とその評価」（『文化財と技術』第9号、2019年）

市川　秀之（いちかわ　ひでゆき）

日本民俗学

『広場と村落空間の民俗学』（岩田書院、2001年）、『「民俗」の創出』（岩田書院、2013年）

中井　均（なかい　ひとし）

滋賀県立大学名誉教授　日本歴史考古学

『信長と家臣団の城（角川選書）』（KADOKAWA、2020年）、『中世城館の実像』（高志書院、2020年）

高木　純一（たかぎ　じゅんいち）

日本中世史

「東寺領山城国上久世荘における年貢収納・算用と「沙汰人」」（『史学雑誌』第126巻第2号、2017年）、「中近世移行期村落論の課題」（『日本史研究』第696号、2020年）

櫻井　悟史（さくらい　さとし）

社会学

『死刑執行人の日本史』（青弓社、2011年）、『体制の歴史』（洛北出版、2013年、天田城介・角崎洋平との共編著）

萩原　和（はぎはら　かず）

地域計画学

「市街地近接の干拓地における道路建設前後の景観変化」（日本都市計画学会都市計画報告集No.19、2020年）、「役場庁舎移転のまちづくりによる景観変化の実態把握―1970年代以降の滋賀県米原市を事例として―」（日本都市計画学会都市計画報告集No.19、2020年）

石川　慎治（いしかわ　しんじ）

保存修景計画、建築史

『近江の古民家―素材・意匠―』（サンライズ出版、2017年）、「シリア・パルミラ遺跡129-b号墓の復元的研究」（『ラーフィダーン』第34巻、2013年）

横田　祥子（よこた　さちこ）

社会人類学・地域研究

『家族を生み出す―台湾をめぐる国際結婚の民族誌―』（春風社、2021年）、「第4章 政治的な正しさの背後にかくれたローカルな論理によりそう―商業的国際結婚と家族―」（白石壮一郎・椎野若菜編『社会問題と出会う―FENICS100万人のフィールドワーカーシリーズ7―』古今書院、2017年）

東　幸代（あずま　さちよ）

日本近世史

『地域の歴史から学ぶ災害対応―比良山麓の伝統知・地域知―』（共著、総合地球環境学研究所、2019年）、『鷹狩の日本史』（共著、勉誠出版、2021年）

京樂　真帆子（きょうらく　まほこ）

日本古代史

『平安京都市社会史の研究』（塙書房、2008年）、『牛車で行こう！―平安貴族と乗り物文化―』（吉川弘文館、2017年）

木村　可奈子（きむら　かなこ）

東アジア国際関係史

「日本のキリスト教禁制による不審船転送要請と朝鮮の対清・対日関係―イエズス会宣教師日本潜入事件とその余波―」（『史学雑誌』124（1）、2015年）、「柳得恭手稿本『燕臺再游録』から見た冊封使李鼎元の琉球認識と清・琉球・日本・朝鮮四国の国際関係」（史林 99（4）、2016年）

佐藤　亜聖（さとう　あせい）

日本中世考古学

『中世石工の考古学』（編著、高志書院、2019年）、日本石造物辞典編集委員会編『日本石造物辞典』（吉川弘文館、2012年）

塚本　礼仁（つかもと　れいじ）

地理学

『食と農のフィールドワーク入門』（昭和堂、2019年、分担執筆）、『漁業、魚、海をとおして見つめる地域―地理学からのアプローチ―』（冬弓舎、2013年、分担執筆）

歴史家の案内する滋賀

2021年6月25日　第1刷発行

編　者　滋賀県立大学人間文化学部
　　　　地域文化学科

発行者　黒川美富子

発行所　図書出版　文理閣
京都市下京区七条河原町西南角 〒600-8146
電話 (075) 351-7553　FAX (075) 351-7560
http://www.bunrikaku.com

印　刷　新日本プロセス株式会社

ISBN978-4-89259-887-6